名师名校名校长

凝聚名师共识
回应名师关怀
打造名师品牌
培育名师群体

　　　　　　　程晓明题字

教学研究与
反思两方法探析

JIAOXUE YANJIU YU
FANSI LIANGFANGFA TANXI

植校东／著

东北师范大学出版社

长 春

图书在版编目（CIP）数据

教学研究与反思两方法探析 / 植校东著. — 长春：
东北师范大学出版社，2022.9
ISBN 978-7-5681-9455-6

Ⅰ.①教… Ⅱ.①植… Ⅲ.①小学教师—师资培养—
研究 Ⅳ.①G625.1

中国版本图书馆CIP数据核字（2022）第178455号

□责任编辑：石　斌　　　　　□封面设计：言之凿
□责任校对：刘彦妮　张小娅　□责任印制：许　冰

东北师范大学出版社出版发行
长春净月经济开发区金宝街 118 号（邮政编码：130117）
电话：0431-84568023
网址：http://www.nenup.com
北京言之凿文化发展有限公司设计部制版
北京政采印刷服务有限公司印装
北京市中关村科技园区通州园金桥科技产业基地环科中路 17 号（邮编：101102）
2022年9月第1版　2022年11月第1次印刷
幅面尺寸：170mm×240mm　印张：13　字数：210千

定价：58.00元

前言

　　国家大计，教育为本；教育大计，教师为本。如何促进教师的专业成长已成为教育行政部门、教师培养机构和学校管理者苦心研究的一大课题。一位教师的成长就是一个永不停止的修炼过程，它有外成长和内成长之分。外成长包括接受单位培训或外派跟岗学习，接受师资培训机构的专业培训等；内成长是教师为了提升自己的专业素养和能力而主动学习、实践，如阅读、听课、上课、写作、反思、做课题等。如果把外成长看作打针吃药，那么内成长就是体育锻炼。打针吃药是外力，是以治病救人为目的；体育锻炼是内力，是以强身健体、提高免疫力为出发点。一个人只有免疫力提高了，身体各方面的机能才会好，才不需要打针吃药。由此可见，内成长是教师成长的重要方式。

　　本书结合笔者的成长经历与体会，着重从"教学反思""课题研究"两方面谈教师自我修炼成长的方法。由于水平有限，书中不妥之处在所难免，敬请读者批评指正。

植校东

2022年2月

目录

绪 论

上 篇　教学反思

教学反思概说 ………………………… 6

教学反思的意义 ……………………… 8

教学反思的类型 ……………………… 11

教学反思的内容 ……………………… 22

教学反思的方法 ……………………… 29

下 篇　课题研究

课题研究概说 ………………………… 42

课题研究的意义 ……………………… 43

课题研究的过程与实施 ……………… 45

绪　论

一

2014年9月10日，习近平总书记在北师大师生座谈会上强调："教师重要，就在于教师的工作是塑造灵魂、塑造生命、塑造人的工作。""百年大计，教育为本。教师是立教之本、兴教之源，承担着让每个孩子健康成长、办好人民满意教育的重任。希望全国广大教师牢固树立中国特色社会主义理想信念，带头践行社会主义核心价值观，自觉增强立德树人、教书育人的荣誉感和责任感，学为人师，行为世范，做学生健康成长的指导者和引路人……"

如何提高教师的专业水平、提升其理论素养，促进教师不断成长是教师培训机构和教育管理者致力研究和实践的课题。实践证明，教师成长既需要他培，如学校组织校本研修、师徒结对帮扶、送课下乡、外出跟岗、影子学习、参加专题研修、接受专项培训等，又需要自我修炼，如主动听课、课堂实践、进行反思、撰写论文、研究课题、阅读经典等。其中，自我修炼是教师自我不断成长的重要途径与方法。

教学反思和课题研究是教师自我修炼的两种专业活动和自我成长发展的内在需求。纵观广大教师的日常自我修炼，普遍较为注重的是赛课和课堂教学实践，是在课堂教学改革、提高课堂教学质量上下功夫，因为课堂是教育教学的主阵地，也是教师成长的沃土。他们当中有的人在课堂的耕耘中取得了较好的成绩，收获了较多的荣誉，逐步成长为学科带头人、名师、大家，但也有很多人成长不快，甚至原地徘徊。究其原因，主要是他们只重视课堂，而对教学反思、课题研究认识肤浅，重视不够，更有甚者认为这些都是花架子、是噱头，很是不屑，因而影响了理论素养和专业水平的提升。农村学校的老师尤其如此。

教学反思就是教师主要以自己或他人的教学实践作为研究对象，研究自己或他人的教学行为，反思自己或他人的教学理念、教学方法、教学手段和教学效果等，总结得失，取长补短，从而指导或改进自己日后的教学。教学反思是一个对自己或他人的教学行为进行分析研究与再认知的过程。

华东师范大学叶澜教授认为，一个教师写一辈子教案不一定成为名师，如果一个教师写三年教学反思则可能成为名师。

教学反思的类型有多种。如果按实施教学的前后过程划分，可分为教学前反思、教学中反思、教学后反思；如果按反思的对象划分，可分为教学行为反思、学习行为反思，其中教学行为反思又可根据反思的指向目标分为亲历性反思、观察性反思；如果按反思者的主观能动性情况划分，可分为主动反思和被动反思；如果按对同一对象反思的次数划分，可分为一次反思、再（多）次反思。

有人将教学反思的内容归纳为教学目标是否达成，教学设计是否合理，教学实施是否顺利，课堂教学是否有效，课堂教学如何改进等。

教学反思的方法是指教师对具体的教学实践进行再思考、再认识时所采用的方法，常用的方法有"六个一"："想一想""议一议""问一问""比一比""写一写""试一试"。

教学反思，贵在及时，重在坚持。一有所得，及时记下；有话则长，无话则短；方法多样，灵活运用；评价过去，着眼当前；以记促思，以思促改；长期实践，必有收获。

正所谓教而不研则浅，研而不教则空。有识者重视课题研究，有志者开展课题研究，有为者得益于课题研究。有学者认为，课题研究是学校发展的第一生产力和必由之路，更是教师专业成长的必需和助推器。一所学校可能因为一个课题的研究而改变，最终成为一所品牌学校；一名教师也可以因为一个课题的研究而成长，最终成为一位名师。

课题研究就是教师或教育工作者将日常工作与学习所遇到的教育、教学等问题作为研究的对象，借助相关的教育理论，运用相应的研究方法，追问其根本和根源，并寻找问题解决或寻找新的突破点的方法的创造性认识活动。

课题的研究过程可以划分为四个阶段，即准备阶段、实施阶段、总结阶段和鉴定推广阶段。

准备阶段要做好选择课题、查询资料、问卷调查、课题论证、设计方案等五项工作。

实施阶段要做好申请立项、开题报告和实施研究等三项工作。

总结阶段主要做好四项工作，即综合整理分析材料，形成课题研究成果；撰写研究论文、结题报告；编印论文集，编写校本教材；整理课件、课例音像、获奖证书等各种资料，为鉴定验收做准备。

鉴定推广阶段要做好申请结题鉴定、结题鉴定和成果推广等。

总的来说，在课题研究的整个过程中要注意做到选题要"小"、方法要"活"、过程有"序"、成果要"实"。课题研究的组织与实施的过程是教师专业体验与成长的一种过程，只有实践才会有收获。

教学反思

自20世纪80年代起，教师反思能力的培养首先在西方的美、英、澳等国家的教育界兴起并得到高度重视，然后迅速波及、影响全球的教育界。这种培养提倡把培养反思型教师作为教师培养的重要任务，把具备教学反思能力视为一个合格教师的基本条件之一。

教学反思概说

反思是什么？

百度百科的解释：反思，回头、反过来思考的意思。这是近代西方哲学中广泛使用的概念之一。反思又译为反省、反映。反思原意指光的反射，作为哲学概念是借用光反射的间接性意义，指不同于直接认识的间接认识。

《现代汉语词典》的解释：反思，思考过去的事情，从中总结经验教训。

英国哲学家洛克认为，反思或反省是人心对自身活动的注意和知觉，是知识的来源之一；人通过反省心灵的活动和活动方式，获得关于它们的观念，如知觉、思维、怀疑、信仰的观念等。

荷兰哲学家斯宾诺莎认为，反思是认识真理的比较高级的方式。

杜威在其 1933 年出版的《我们如何思维》一书中对反思做过这样的界定："反思是问题解决的一种特殊形式，它不仅涉及一系列观念，也包含其结果。它是一个连贯的观念序列，其排列方式使每个观察将其后续的观念作为它决定的恰当的结果，而且每一个结果又反过来依赖于或指涉它前面的观念。"

在日常生活中，人们通常会把反思视为内省。王映学、赵兴奎认为，反思就是对自己过去的思想、心理感受的思考以及对自己体验过的东西的理解、描述、体会和感悟。①

从心理学的角度看，反思就是认知加工、解决问题的过程。

按照辩证唯物论的观点，反思是一个"实践—认识—再实践—再认识"的循环往复以至无穷的过程，而且实践和认识之间每一次循环的内容，都相

---

① 王映学，赵兴奎.教学反思：概念、意义及其途径 [J].教育理论与实践，2006（2）：53-56.

对达到了高一级的认识程度和水平。

那么，教学反思又是什么？

申继亮、刘加霞认为，教师的教学反思是教育、教学认知活动的重要组成部分，它贯穿于教育、教学活动的始终。具体来说，教学反思是教师为了实现有效的教育、教学，在教师教学反思倾向的支持下，对已经发生或正在发生的教育、教学活动以及这些活动背后的理论、假设，进行积极、持续、周密、深入、自我调节性的思考，而且在思考过程中，能够发现、清晰表述所遇到的教育、教学问题，并积极寻求多种方法来解决问题的过程。①

王映学、赵兴奎也认为，教学反思是指教师在教学过程中通过教学监控、教学体验等方式，辩证地否定（扬弃）主体的教学观念、教学经验、教学行为的一种积极的认知加工过程。

笔者认为，教学反思就是教师在日常的教育、教学工作中，自觉或非自觉、主动或被动地把自己（他人）的教育、教学实践作为研究对象，研究自己（他人）的教学理念、教学行为、教学效果、学习方法和学习效果等，是教师对教学者（自己或他人）的教学行为和对学习者（学生）的学习行为进行分析与再认知的过程。当然，教师对自己的教学实践、教学经验，以及学生的学习行为、学习效果进行及时的反思是教师教学反思之根本。

---

① 申继亮，刘加霞. 论教师的教学反思［J］. 华东师范大学学报（教育科学版），2004, 22（3）：44-49.

教学反思的意义

俗话说，人贵有自知之明。古今中外很多先贤大家均十分重视和提倡反思（反省、自省）。

我国在很早的时候就已经有了"反思"观念的萌芽。

被尊为世界十大伟人之首的春秋时期著名思想家、教育家、政治家孔子把反思作为儒家弟子自我修为的要求。他说："见贤思齐焉，见不贤而内自省也。""内省不疚，夫何忧何惧？"①

曾子说："吾日三省吾身：为人谋而不忠乎？与朋友交而不信乎？传不习乎？"②

荀子说："木受绳则直，金就砺则利，君子博学而日参省乎己，则知明而行无过矣。"③

唐代樊铸在《及第后读书院咏物十首上礼部李侍郎》中云："丈夫立身须自省，知祸知福如形影。"

清代金缨在《格言联璧·持躬类》里说："事事难上难，举足常虞失坠；件件想一想，浑身都是过差。""不自反者，看不出一身病痛。不耐烦者，做不成一件事业。""静坐常思己过，闲谈莫论人非。"

古希腊哲学家特莱斯说："人生最困难的事情是认识自己。"

……

以上言论无不说明了反思（自省）对于一个人博学修身、自我成长的重

---

① 邓子勉.孔子论语译注［M］.桂林：广西师范大学出版社，2006.

② 同①

③ 同①

要性。反思之于教学，也是如此。教学反思是教师提高课堂教学水平、推动教师自身专业成长的阶梯。

华东师范大学著名教授叶澜认为，一个教师写一辈子教案不一定成为名师，如果一个教师写三年教学反思则可能成为名师。

美国心理学家波斯纳曾对影响教师成长的诸多因素做了研究，认为"经验"和"反思"是其中最重要的两个因素，并提出了一个著名的公式："教师成长 ＝ 教学经验 ＋ 教学反思。"由此可见，教师的成长过程应该是一个不断总结教育教学经验、不断自我反思教育教学实践的过程；一个教师由普通、平凡走向优秀，甚至成名成家，除了日常教育教学经验的日积月累，更离不开平常及时而又坚持不懈地对教育教学实践活动进行的反思。

虽然经验和反思对于一个教师的成长不可或缺，但是相对来说，反思比经验更重要。假如一个教师工作了三十年，也积累了三十年的教学经验，如果他仅仅满足于日常教育、教学活动中自然获得的经验而不对这些经验做深入的思考，那么他纵有三十年的教育或教学经验，可能也只是一年工作的三十次重复而已。一个教师只有善于从经验中不断地吸取教益，不断地改进教育与教学，其专业水平才能不断提高，否则只能永远停留在一个普通教师的水平。

据有关文献显示，联合国教科文组织也曾对教师的教育经验和教育效果的关系做过深入的分析、调查，结果发现：在刚走上教学岗位的 5 年内，教师的教学效果和他的教龄成正比关系；紧接着的 5 到 8 年间，教师普遍出现了一个平稳发展的现象，俗称"高原期"；8 年后，教师的群体开始逐渐分化，他们当中大部分人的教学水平和教学效果并没有随着教龄的增长而提高，而是出现徘徊甚至逐渐下降（主要受思维定式和经验主义的影响，一本通书读到老，一个教案教到底，殊不知知识在更新，学生在变化，因而教学理念跟不上形势，教学方法不适合学生），只有小部分人经过不断反思，教学水平和教学质量在不断提高。（图 1-1）

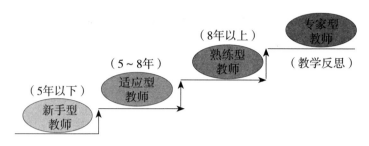

图 1-1　联合国教科文组织关于教师教龄和教学效果关系图

案例

　　蒋老师做了将近 40 年的教学工作，可直到退休的时候仍然讲不好课，是学校出了名的不受学生欢迎的教师。而与其是同事且只有 9 年教龄的小章老师的情形是：章老师刚参加工作的时候，她的教学也不受学生欢迎，甚至有一次去上课时还被学生拒之门外。这件事对她刺激较大，但庆幸的是她能通过这件事对自己的教学进行深刻的反思，而不是简单地抱怨学生。章老师在其后自己的教学中主要做了这样一些事：听教师的课（不仅听专家型教师的课，也听新手教师或类似蒋老师的课）；邀请同行听自己的课；阶段教学结束前向学生征询教学意见；每次教学结束后做教学反思记录。这样坚持做了 5 年，小章老师的课有了明显的长进。工作只有 9 年的她现在成了学校的教学骨干，也是全校范围内师生一致认可的优秀教师之一。[①]

　　这样的案例在我们的日常教育教学实践中并不少见。由此可以肯定，教师在其教育教学实践中，虽然经验可以随着教龄的增长而不断积累，但并不一定就意味着成长了。因为不加反思的经验有时反而会成为教师处理教育教学问题的包袱，更会成为教师成长的障碍。教师只有做到有意识地记录、反思甚至怀疑自己的经验，并将这种经过再认识、再加工的经验应用到自己教育教学的改进上，其专业才能获得不断成长。教师的成长过程就是一个反思教育教学实践、总结教育教学经验、将教学经验再运用到教育教学实践中，如此不断循环往复的过程。

　　所以，苏联大教育家赞可夫说："没有个人的思考，没有对自己经验的总结，没有对自己经验寻根究底的精神，提高教学水平是不可思议的。"

---

① 王映学，赵兴奎.教学反思：概念、意义及其途径［J］.教育理论与实践，2006（2）：53-56.

教学反思的类型

按照不同的划分标准，教学反思的类型有多种。

一、教学前反思、教学中反思和教学后反思

如果按实施教学的前后过程划分，教学反思可划分为教学前反思、教学中反思和教学后反思。

教学前反思是指教师在开始实施课堂教学之前就主动进行的思考，思考的内容就是备课的内容。它是教师在课前思考怎样确定教学的重点与难点，围绕教学目标怎样恰当处理教材以呈现给学生；根据教学内容该采取什么样的教学策略，使教学内容与学生的生活经验、原有知识基础和学生的思维紧密结合；根据学情该采用何种教学方法与手段去落实与突破教学的重点与难点；随堂练习与作业布置如何面向全体学生分层设计；板书设计如何提纲挈领、一目了然；等等，这些是教师在课前斟酌如何教的问题。

教学中的反思是指教师在实施教学活动时根据学情而自觉进行的反思。哪怕是教师在课前已通过反思形成了教案与学案，但这些教案与学案都是相对固定的，是"死"的，这些教案与学案所施加影响的对象学生是"活"的，是在不断变化的，他们的智力与非智力因素却又各不相同，所以在课堂上必然会出现诸多的学情，而很多学情往往也是教师课前无法预料的，如尴尬场面的出现，学生情绪的改变或失控，教学资源的动态生成等。面对教学课堂上突然而来的问题，一个优秀的教师必然会思考如何调整教学计划、教学方法和手段，使得事先设计的课程能如期完成；如何抓住这宝贵的稍纵即逝的教学生成，丰富教学资源，实现课堂教学实效的再优化；等等。这些是教师课堂上对突发问题的应急思考和机智处理。

案例

　　在对高中女生进行仰卧起坐的教学时，练习的方法大多是在规定的时间内完成一定的仰卧次数。这种方法看起来简单省时，但学生缺乏主动性，因此效果往往不尽如人意。后来，有一次偶然的机会，男生的足球滚到正在做仰卧起坐练习的女生身上，这个女生生气地就势双手抓住球，快速地弓身将球掷了出去。见此情景，我灵机一动，何不把这种练习方法应用于仰卧起坐教学中呢？于是，一个仰卧起坐加双手抛掷传接软排球的练习产生了：学生两人一组，相距4~5米，一人双手持球于头顶上方，仰卧于垫上，练习时快速起身将球掷给另一同伴，同伴接球后，将球抛回，重复练习。这个练习对提升仰卧起坐中的"坐起"速度有很好的效果。

　　上述案例中，这位体育老师在授课过程中因受课堂偶发事件（男生的足球滚到一个正在做练习的女生身上，女生生气地就势将球掷出去）而受到启发，迅速反思，及时调整练习方法，取得了很好的教学效果。类似的偶发教学情况在日常教学当中时有出现，教师要及时捕捉、及时反思、充分利用，让它成为我们教学的有益养分。

　　教学后反思是指教师在授完一堂课或完成一个阶段的教学任务后，对自己的课堂教学实施情况进行回顾、评价和思考。例如，本节课原先预定的教学目标是否达成，教学的重点是否体现，教学难点是否突破，学生的学习氛围和学习兴趣怎么样，课堂上教与学的双边互动怎么样，学生在这堂课上有什么收获，课前还有哪些准备没做好，课堂上组织的教学情况怎么样，自己在课堂上恪尽职守、投入情感情况如何，教学设计在课堂上落实得如何，原先的教法需要如何改善，这堂课的"得"与"失"在哪里，该如何进行下次教学的准备，明天的工作和任务有哪些，等等，这是教师在对弈后所进行的复盘。例如：

一位小学数学教师的教学反思 [①]

　　新学期开学一个月了，我有幸接触了三年级北师大版的教材，再和同时教的四年级人教版的教材一比，真是大相径庭。我感觉，对于老师来说，人

---

① 徐智.中小学教师教学反思研究［D］.桂林：广西师范大学，2005.

教版的教材便于备课，重点突出，条理清楚，讲过两遍以后好像就不大有新的东西了，但是北师大版的教材开放性更强，它采取"问题情境—数学模型—解释与应用"的叙述方式，为学生提供了大量的观察、猜想、思考、操作、验证、自主探索与合作交流的机会，大大增强了数学与现实生活的密切联系，使枯燥乏味的数学变得既有趣又有用，使学生收获了自信，感受到自尊。我发现，学生在这样的课堂上，思维活跃，兴趣盎然，学生喜欢学这样的数学，我也更喜欢教。

新课程标准要求：要尽量多地关注学生的态度、情感、价值观的发展。我在教学过程中，要求自己尽可能地往这个方向靠，朝这个思路想，在讲授《轴对称图形》一课时，我把学生带到计算机教室，运用多媒体的色彩、声音、影像等各种效果，让学生感受到对称之美，感受到生活中到处都蕴寓着丰富的数学知识，产生创作美的欲望。这时，我再让学生自己创作一幅作品，用剪刀、彩纸精心制作对称图案，最后让学生上台展示。学生兴趣盎然，热情空前高涨。展示时，我要求学生说出他的对称图形有几条对称轴，它在哪里。学生不仅回答了我的问题，有的学生还别出心裁地给自己的图案取了名字，说出了寓意，让我感到意外的惊喜。这充分说明独立自主的动手操作、轻松愉快的学习氛围，是创造力发展的沃土。

在学习完小数的加减法之后，我们开展了一次数学实践活动，组织三年级全体学生到丹尼斯购物，体味小数和生活的密切联系，培养学生节省开支的良好习惯，增进学生了解数学的价值。

这次活动非常成功，受到学生和家长的一致好评。看着平时大把花钱的学生们拿着仅有的五元钱，左挑右选，寻找物美价廉的文具的时候，我的心里高兴极了。活动过后，我让每名学生写了一篇数学日记。学生的感触也很多。有个学生写道：这是我最喜欢的一节数学课，也是我最快乐的一天。许多家长对我们的这次活动表示肯定，都说类似的活动应该更多地开展，让枯燥的书本知识变成生活中活生生的数学，激发学生强烈的学习欲望。

在讲《镜子中的学问》一课时，课前我让学生每人准备一面小镜子，我准备了一面大镜子、几幅轴对称图案。课堂上，学生不时发出"哇""呀"的声音，不时发出会心的笑声，气氛非常融洽。事实胜于雄辩，通过学生自己动手实践，学生发言争先恐后，讲得还很到位，教学效果不错。

上述案例，是这位数学老师在开学一个月后对教材的理解，以及前段时间在日常教学中就如何落实新课程标准的要求，收到什么样的效果等所做的一次反思。

二、教学行为反思和学习行为反思

如果按反思的对象划分，教学反思可划分为教学行为反思、学习行为反思。

教学行为反思是指对教师自身的课堂教学状况的回顾与反思。例如，自己在课堂教学中的情绪是否饱满，自己的语言（肢体语言）是否得当，自己是否尊重学生、是否严慈相济，对自己的课是否满意，上完课是否感到愉悦，是否有成就感；对教材的处理、教学内容的安排、教学过程的设计是否合理，教学方法、技能技巧的运用是否科学，对课堂的动态生成、意外事件的处理是否得当；这堂课有哪些成功之处和值得保持、发扬的优点，有哪些失败之处和缺点需要深入研究、加以改进或克服；等等。

其中，教学行为反思又可根据反思的指向目标分为亲历性反思、观察性反思。

亲历性反思是指教师对自己所亲身经历的教育教学实践过程的再次回顾、审视和思考，分析、总结教育教学的成败与得失，扬长避短，寻找改进教育教学的办法，等等。据了解，教师平常进行的教学反思大多数是像下文中的反思。浙江东阳外国语小学许华丽老师在她的一篇教学反思中写道：

在阅读过程中，学生首先与文本进行对话（解读作品字面意思的过程），通过与文本的对话，达到与作者的心进行对话的目的。可学生的认识毕竟有限，很难达到深度阅读。因此在学生探究文本时，教师应适时给学生提供帮助和引导。例如，在教学《白杨》一课时，由于课文的寓意深刻，离学生的生活实际较远，学生理解白杨树的生命力强已属不易，再深一层去领会边疆建设者那种服从祖国的需要、扎根边疆的精神就更不易了。这时教师就必须设法在教材和学生之间架设起一座桥梁，使教材"走向"学生。为此，我做了这样的尝试：在教学"车窗外是茫茫的大戈壁……并不那么清晰，都是浑黄一体"一段时，让学生自己找重点句子、重点词语体会戈壁的特点，结果学生纷纷道出了大戈壁的荒凉及其环境的恶劣，甚至有个学生在谈及自己的感受时说："假如前面有一个火坑，我宁愿往火坑里跳，也不愿前往大戈壁，因为戈壁滩是那样的无边无际，苦海无边啊！"这一说法当即就遭到了大部分同学的反对。但我借此观点，让学生自己再去课文中找出描写白杨的句子读一读，并对比刚才的观点用心体会，说说自己对白杨、对边疆建设者有什么看法，就这样找到了教材和学生的联结点。学生在主动探究教材中快速领会了文章的内涵和主题：白杨的坚强以及边疆建设者献身边疆、扎根边疆的伟大精神。很显然，在这样的过程中，学生的阅读理解能力也在无形中得到了培养。

上述反思就是许老师围绕学生与文本的互动这一主题对自己的教学实践进行的反思：学生是探究者，是学习的主人，阅读教学的本身也应是一个让学生主动探究的过程。所以，阅读是学生的个性化行为，教师不应该用自己的分析来替代学生的自主阅读与思考。

我们再来看江苏梁丰高级中学张兰芬老师的一次教学反思：

一次期中考试后不久的一天下午，我批阅学生的随笔，看到了这么一段令我诧异的文字："老师，您不要生气，我总觉得最近几天的语文课上得沉闷了些，我总想睡觉。《荷塘月色》完全没必要上那么多节课，我们很多同学远没有您那样喜欢朱自清，也远达不到您理解的深度。虽说语文课上您也让我们畅所欲言，可您不觉得那离我们太遥远了吗？什么大革命失败啦，知识分子苦闷啦，我们没有兴趣。与其花那么多时间让我们对这些遥远的事情发表意见，倒不如将这些时间放在一些更有价值的事情上，免得课上不会发言，又浪费时间，望老师考虑。"说实话，我当时很有些悲哀，也有些埋怨：学生的阅读能力、鉴赏水平到底怎么了？

事后我在班上做了一个阅读调查，了解了学生的阅读需求、兴趣，我自己也静下心来反思阅读教学的过程，不得不承认学生说的是有一定道理的。有一些时候，我或将自己的感知强加给学生，限制了学生的自由；或强调阅读技法，忽视了个体的情感体验；或以群体阅读代替个性阅读；或以作者的感受来人为提升学生的领悟。这种不从接受者的角度引导学生阅读的教学造成了主体错位，使学生认为阅读就是应付教师的提问，就是琢磨问题的答案，以致迷失了自己，丧失了阅读的兴趣。

经过思考和探索，我开始实践"个性化阅读教学"，也就是引导学生遵循基本的阅读方法，尊重他们的阅读习惯、思维方式，允许他们在已有的知识系统、情感体验、智力水平基础上对作品进行或深或浅、或多或寡的感悟，最大限度地发挥他们的阅读主动性，在生生互动、师生互动中实现认知教学、智能训练和人格教育三位一体的阅读功能。个性化阅读教学大体采用"整体感知—互动感悟—重点突破—训练语言"的操作策略。作为教师，我的主要任务就是根据阅读材料的性质和阅读主体的情趣、心理，创设氛围，提供学生自主阅读和训练的机会和环境。我的这一尝试取得了较为明显的效果。

案例中，张兰芬老师在教学准备阶段，在批阅学生的随笔中发现了问题，引起了她的反思。她通过对学生的阅读调查与自我反思，对自己的教学理念做了重新认识，从改进教学方法、提高教学效果的立场出发，对已有的教学策略做了重新思考和调整，探索实施了个性化阅读教学，从而使自己的阅读教学呈现出新气象，并取得明显实效。

观察性反思是指教师通过观察别人的教育教学行为，即观摩课，分析其经验与教训，取长补短，改进自身的教育教学行为，如这堂课成功在哪里，为何成功；这堂课失败在哪里，为什么失败；这堂课如果由我来上，我将如何设计；等等。观察性反思也是能快速促进教师自身专业发展的一种重要途径。下面这个案例（选自陈夏的博客）是一位教师在听了一位英语老师的课后进行的反思：

2007 年 10 月 17 日下午，东风东路小学的田原子老师给越秀区的全体三年级老师上了一节精彩的公开课。

众所周知，一堂出色的课一定要有一个好的导入。也就是说，好的导入是一堂课的首要环节，能让学生有极大的兴趣听下去，配合你往下进行，而且整堂课始终保持热度。田老师的这节课的课题内容是 Unit 14 Is This A Car? 这堂课先是提出一个疑问：Xiao Ling 想去月球，可以搭乘哪种交通工具呢？然后以外星人为主线，导出地球人和外星人一起参观地球，并通过所见所闻介绍地球上的主要交通工具和外星人的主要交通工具。

田老师介绍了外星人出场后，利用和外星人 make friends 作为提议，紧扣主题，又给学生想更多了解这位 friend 而留有想象空间，使得课堂一开始就扑面而来一种人文的气息。田老师虽然年轻，但在课堂上充分挖掘课堂资源，采用了丰富多彩的教学方法，设计了不同层面的教学活动，提升了学生的语言表达能力和思维想象力，激发了学生学习英语的兴趣，培养了他们英语学习的积极态度。而且，教学氛围很阳光，使他们初步建立了学习英语的自信心，培养了学生一定的语感和良好的语音、语调基础，使他们形成初步运用英语进行简单日常交流的能力。

课堂教学目标以及重点难点，可谓是一堂课的基本骨架，如果说教学目标是学生在英语课堂总智力发展的终极目标，那么重点和难点便是一堂课应该了解和解决的实际问题。听完了这节课，我感觉田老师对课堂上的重要环节抓得很实，骨架明显和突出。比如，句型：Is this a...? Yes.It's a.../No.It's a... 我也感受到要使一堂课显得多样化、不乏味、有趣味，就得往里面充填血和肉，使整堂英语课活跃起来，如田老师在教完这个句型后，进行了一个用击鼓传花的方式传递一辆玩具小汽车的游戏，帮助学生强化此句型，学生的积极性很高，也达到了很好的教学效果。还有一个游戏：老师口中读一幅图的单词，然后快速随意地指向各幅图，当指中相应的图片时，全班一起回答：Yes.It's a ... 教师关于整节课设计的活动，都是围绕重难点和教学目标的，因此学习效果比较明显。

让我觉得有创意的是田老师的评分表，她利用外星人 alien 到地球上做客为由，制作了一张大大的 spaceship，四个大组每组代表一个 alien，并通过评比，看哪一组先帮助 alien 回到 spaceship 上。

给了我很大灵感的是田老师的拼写游戏：将单词图片逐一贴好，然后教师口中读一幅图的单词，随意指向各幅图，当指到相应的图片时，全班起立并拼读、书空这个单词。老师示范过后，运用了一句口令：Little teacher who want to try? 学生应答：Let me try!Let me try!

以上是我个人的一点小小的体会和感想。在漫长的教学过程中，我还需要多听、多思考、多借鉴。

案例中，这位老师听了田老师的英语课后，从新课导入、教学方法的运用、教学活动的设计、教学重难点的落实与突破、课堂氛围、教学效果和学习评价等方面来分析田老师的教学行为，从而达到取长补短的目的。

学习行为的反思是指对学生在课堂上学习状况的回顾与反思。例如，学生对教学的配合程度如何，学习的主动性如何；学生的注意力是否集中，学习兴趣是否浓厚；师生互动、生生互动是否良好，课堂学习气氛是否活跃；学生在学习中有哪些闪光点，又有哪些特殊学生需要特殊关注和培养；等等。例如，一位语文老师听了一节公开课《美丽的小兴安岭》后对其中的教学片段进行了反思：

教学片段：

师：这篇课文讲了小兴安岭的哪些景色？

生：讲了小兴安岭春、夏、秋、冬四个季节的景色。

师：请喜欢春季的同学坐在一起，喜欢夏季的同学坐在一起，喜欢秋天的同学坐在一起，喜欢冬天的同学坐在一起，进行小组学习。

（学生按自己的喜好坐到一起，接着学生开始小组合作学习，然后小组派代表汇报学习成果，多数小组都是由最能说话的同学上台发言，发言往往只代表他个人的观点）

教学反思：

在学生没有充分阅读、思考的情况下进行合作学习是否操之过急？由于学生对课文的理解还不够深入，小组合作学习的所得也是肤浅的、有限的，这样的合作只是为个别优生提供展示的机会，而没有做到面向全体，因而这样的合作学习也是无效的。

合作学习作为一种新型的学习方式，被老师们广泛采用。但它的实施是有一定条件的，就是要以学生的自主学习与独立思考为前提。合作学习要取得实效必须具备四个条件：一是合作学习的目标要明确恰当，是学生在比较短的时间内可以解决的，也就是说，目标必须处于学生的"最近发展区"内，是通过"跳一跳"可以摘到果子的；二是小组已经形成合作的机制，小组内的学生熟悉合作的规则，知晓自己的分工，学习是在民主、有序的状态下进行的；三是要提供充足的学习时间，让学生有机会充分地讨论、交流、整合；四是合作的目的是"双赢"，要让学生体验集体智慧的力量，感受合作学习的效益和快乐，凡是个体学习能解决的问题最好不用小组合作的方式解决。总之，组织合作学习必须全盘考虑学习的目的、时机、机制、指导方式等因素，不能只追求形式。

上述案例就是对学生的学习方式是否运用得当、是否有效而进行的反思。

三、主动反思和被动反思

如果按反思者的主观能动性情况划分，可划分为主动反思和被动反思。

主动反思是指教师在日常的教学实践过程中，自觉地把反思作为教学的重要一环，能够及时、时时地进行反思。这样的反思对于提高课堂教学质量，促进教师自我成长是非常有效的。

被动反思是指教师没有真正认识到反思的重要性，把教学反思当成一种累赘、一种负担，从心底里抗拒，没有深入思考，为完成任务泛泛而谈、马虎应付，这样的教学反思是低效甚至无效的。

四、一次反思和再（多）次反思

如果按对同一对象反思的次数来划分，可划分为一次反思、再（多）次反思。

顾名思义，一次反思是指教师对同一教育教学实践活动只进行一次的反思。

再（多）次反思是指教师对同一教育教学实践活动进行两次甚至多次的反思。这种反思虽然投入的时间较多，但非常符合唯物辩证法的发展观点，通过"实践—认识—再实践—再认识"的方式，思维活动一次比一次来得深入，反思效果和教学效果一次比一次好，也可称其为"反思之反思"。例如：

一堂估算课①

这是一节小学数学课。上课的是一位女老师，很年轻，姓蒋。上课过程节选如下：

"今天，我们学习估算。"蒋老师笑着对学生们说，"假设我们正在逛商店。看，这是什么？"

说着，她展开自己制作的挂图。

"随身听。"学生们答道。

……

"你们估计要多少钱？"

"100元。"一名学生说。

"不对，比100元多。"教师说。

"200元。"一个穿红裙子的女孩猜测道。

"红红真聪明！表扬她！"

教师话音未落，教室里顿时响起了很有节奏的拍手声，"嗨，嗨，嗨，你真棒！"学生们齐刷刷地伸出大拇指。同时，教师把一颗金星贴在红红的前额上。

……

教师把算式中的"="改写成"≈"，并说："这就是今天要给你们介绍的

---

① 赵光平，罗星凯，刘小兵.一堂估算课［J］.人民教育，2002（8）：39-42.

新符号——约等号。"

"它很漂亮，你们想一想，它像什么？"

"像大海里滚动的波浪。"

"真有想象力，表扬她！"

"嗨，嗨，嗨，你真棒！"

"我觉得像飘动的红旗。"

"这想法也不错，表扬他！"

"嗨，嗨，嗨，你真棒！"

……

下课后，课程中心的教授、博士们和授课、听课的老师们进行了座谈。蒋老师首先进行了第一次的自我反思：

"传统教育似乎总是一味地批评、指责、否定学生，使学生缺乏自信心，所以这次课程改革提倡多鼓励学生。哪怕学生只有一小点成绩，也要表扬；只要有一小点进步，也要鼓励。"

"正是基于这种理解，对学生一些很小的闪光点，如把约等号想象为波浪，我们也给予最隆重的奖励。"

"有些方式，如老师对学生笑一笑、点一点头，这种方式不够强有力。鼓励的力度愈大，学生愈积极。课堂上，你们看到了，很多学生抢着回答，抢不到，有的急得哇哇叫。"

……

听了蒋教师的反思后，一位教授说："红裙女孩经这么一夸，可能会整节课都激动得无法上课。"同时让蒋老师回看刚才上课的录像，蒋老师看了录像后表示肯定："从录像上看，这女孩真没有在听课。"这时，一位在座的博士说："这么强力的表扬，她激动得难以平静。一会儿想我太聪明了，过一会儿又想同学们不知怎么看我，再过一会儿又想我妈一定会很高兴……激动得想这想那，还能专心听课吗？"

此时，蒋老师才如梦初醒，开始了更深入的思考："你们说的确实有道理。在课堂上，学生说错了，我该怎么办？说对了，我又该怎么办？我要如何反应，才比较恰当？"

案例中，蒋老师第二次的反思要比第一次的反思深刻得多。从蒋老师第一次的反思来看，她对这次教学整体上是相当满意的。因为她只看到了课堂上的表象：气氛热烈，学生回答问题争先恐后。但是，如果蒋老师的反思到此为止，那么她就会坚信课堂上自己的那种表扬方式是她教学上的一个亮点，并会一直加以保持和发扬。这样的反思对提高课堂教学实效以及对她的专业发展并不能起到促进作用，必然也是无效的。蒋老师的第二次反思开始从对自己教学行为的"确定无疑"转向了"有所质疑"，从被一些课堂教学表面现象迷惑转向深层思考：什么样的教学才是有效教学，什么样的教学方法和手段才能促进学生的发展。

所以说，并不是所有的反思都能使教师获得专业发展。教育教学反思能否真正促进教师专业发展，关键还在于反思本身是否有效，在于反思的内容是否切中教育教学的根本问题。在日常的教育教学反思过程中，教师要充分认识到再（多）次反思的重要性，坚持通过再（多）次反思来保证反思的有效性，确保课堂教学的有效进行，从而真正使教育教学反思成为我们专业成长的阶梯。

教学反思的内容

无论是课前、课中、课后，需要反思的内容都有很多，如教学目标是否达成，教学气氛是否和谐，学生的积极性是否调动，教学过程是否得到优化，教学方法是否灵活，教学手段优越性是否体现，教学策略是否得当，教学效果是否良好，一节课的优点在哪里，疏漏失误又在哪里……

有学者把教学反思的内容归纳为五个要点。

一、教学目标是否达成

教学目标是课堂教学的出发点和归宿。教师在进行教学反思时就不能回避对"知识与技能""过程与方法""情感态度与价值观"三维目标、素养目标的制定是否合理、是否达成的思考。

二、教学设计是否合理

学生是教学服务的对象，是课堂学习的主人。这堂课的教学设计是否符合学生的年龄、心理、意趣特点和认知水平，是否适合教师个人的教学风格，是否能确保师生互动和生生互动顺利进行，是否能顺利、有效地把教学内容呈现给学生，等等，这些都应在反思的范畴。

三、教学实施是否顺利

教学活动得以顺利实施是开展有效教学的重要保证。教师进行教学反思时要详细回顾整个教学活动是怎样进行的，是否按照了预定的教学计划进行，教学计划的合理性和有效性如何，是否还有需要修改的地方，修改后的教学计划实施起来效果将会如何，课前互动、新课导入、新知探究、练习巩固、课堂小结、作业布置等各个教学环节是否紧凑、完整、顺畅，教学重点、难点的确立是否准确，教学方法、教学手段的选择是否合理，等等。

四、课堂教学是否有效

上好课是教师追求的工作目标，衡量一节好课的标准就是看它是否有效。

著名教育家顾明远教授认为，世上有四种老师，分别为深入浅出（轻负高效）型、深入深出（重负高效）型、浅入浅出（轻负低效）型、浅入深出（重负低效）型。那么，教师能做深入浅出型的课就是有效的，就是好课。

华东师范大学叶澜教授认为，一堂好课的标准有五个：有意义——扎实；有效率——充实；有生成性——丰实；常态下——平实；有待完善——真实。

中国人民大学附属小学特级教师钱守旺认为，一节成功的课应具备"新""趣""活""实""美"五个特点。一是新——体现先进的教育教学思想，即理念新；构思新颖，体现实用高效的教学思路，即思路新。二是趣——导入新课时引发学生的学习兴趣，讲授新课时保持学生的学习兴趣；巩固练习时提高学生的学习兴趣。三是活——教学方法灵活，把教材用活，把学生教活。四是实——教学内容充实，课堂训练扎实，教学目标落实。五是美——风格美，氛围美，感受美。

学者吴军认为，一堂课能使教者愉悦、有成就感，使学者快乐、有所进步，达到教学相长的境界，那么它就是一节好课。下面这个案例是一位中学语文老师对《鸿门宴》教学片段所做的深刻反思：

教学片段实录：

《鸿门宴》教学已近尾声，我请学生归纳人物形象的特点。学生涛说："项羽是一个刚愎自用、有勇无谋的人，他优柔寡断，造成了后来的悲剧。"学生迪说："项羽自高自大，目中无人，不听忠言，咎由自取。"学生的分析正合教参，看来，前面的引导、讨论和分析是到位的，成功的，一切水到渠成。我正准备总结，一个不太响亮的声音传来："我认为项羽不杀刘邦是明智之举。"大家把目光集中到他身上。说话的是凯，一个平时最爱问一些牛角尖的问题，发表奇谈怪论的家伙，不知又要发表什么怪论。

我心想：已经水到渠成了，要不要再展开？这个问题有没有意义？我原先没有准备到这个问题，会不会把握不住？这个问题比较复杂，我能不能驾驭得了？但又觉得这个"火花"来之不易，不能轻易否决，放过它，这样可能会丧失一次绝佳的教学机遇，而且否决他，更会打击他的积极性。问题既然已经出现了，不如乘机引导，说不定会有意外的收获。

我于是示意他继续。他不慌不忙地站起来说："我认为，当时天下大乱，项羽刚进关中，立足未稳，人心不齐，这时杀刘邦，必然会引起混乱，对项羽不利。所以，他不杀刘邦是明智的。"说完，一脸得意地坐下了，有几个同学也点头赞同。我心想：这小子，分析得有道理。不过，这个分析还不够，于是，我又补充了一些《史记》中对当时局势和刘项二人的记述，并提出问题，引导全班同学围绕两个问题展开讨论："鸿门宴上，项羽到底想不想杀刘邦？当时的局势，项羽该不该杀刘邦？"

问题提出后，全班议论纷纷，我也不时点拨、引导，意见大致分成两派。主杀派认为：根据"旦日飨士卒，为击破沛公军"，项羽是想杀刘邦的；从后来楚汉争霸的结果来看，项羽应该听范增的意见，利用鸿门宴的有利时机，当机立断，除掉后来争霸天下的最大敌人，而不该心慈手软，存"妇人之仁"。历史表明：对敌人的宽容就是对自己的残忍。

不杀派认为：依项羽杀卿子冠军宋义的谋略、破釜沉舟的勇气和坑杀数十万降军的残忍，仅凭项伯几句"美言"、刘邦的登门谢罪、樊哙的屠夫之勇，项羽岂能轻易改变主意？而且，项羽看来并未正式传令，也未做出作战部署，更未以迅雷不及掩耳之势杀过去，而是先放出风来：旦日行动。岂不是用兵之忌？项羽对刘邦的行为当然很生气，之所以扬言要"击破沛公军"，可能是想吓唬一下刘邦，并不是真正想开战，所以，项羽不是真心想杀刘邦。至于刘邦小心翼翼，恭恭敬敬，上门谢罪，充分满足了项羽的自尊心，怒气早消。况且，刘邦带人不多，应当是十分害怕和有诚意的（其实刘邦当时未必有胆反项羽，也未必有当皇帝的企图，否则，不会轻易涉险），项羽觉得杀这样的一个部下不是光明磊落的英雄行为。

项羽该不该杀刘邦呢？我将这派学生的讨论归纳如下：

（1）项羽认为刘邦破秦有功，此时杀刘邦师出无名，属不义之举，杀有功之人，负不义之名，不该杀。

（2）项羽认为天下未定，立足未稳，人心不齐，此时大开杀戒，会引起内讧和战乱，影响日后的"霸业"，不能杀。

（3）项羽认为刘邦手下无甚谋士良将（当时韩信、张良尚未跟从刘邦），年纪又大（当时刘邦48岁，项羽24岁），平民出身，没有什么背景，力量弱小，不是对手（项羽当时不会想到日后刘邦是他的掘墓人），不必杀。

（4）项羽认为刘邦虽弱，尚有十万之众，且据险关要隘，占尽地利人和，不易杀。

所以，项羽不杀刘邦虽留遗憾，但在当时，不失为明智之举，而非"不足与谋"的竖子。

双方各执己见，互不相让。平心而论，我觉得不杀派言之有理。于是，我问："杀了刘邦，项羽就一定能得天下吗？即使得了天下，能稳坐江山吗？"有的沉默，有的摇头。我继续说，"以其暴戾多疑的性格，恐怕很难得天下，即使得天下，也只能是短命皇帝。事实上，项羽是做了几年风光的西楚霸王的，只不过，连韩信、陈平这样的人才都不用，当然要失去天下。从这个意义上说，不是刘邦灭了项羽，而是项羽自己灭了自己——像他这样的盖世英雄，最大的对手就是自己，也只能输在自己手里。后人以为项羽不杀刘邦是历史的错误，是悲剧命运的转折。如果当时项羽痛下杀手，历史就会改写，别姬自刎的悲剧就不会出现。这是后人看历史的通病——马后炮、后观者清，笑当事人临事而迷。其实，后人看我们又何尝不是如此？以成败论英雄，成王败寇是不正确的历史态度。历史往往让后人遗憾、叹惋。但唯如此，历史才有意义。"

教学反思：

陶行知说："先生之最大的快乐，是创造出值得自己崇拜的学生。"本节课在不经意中出现了"不期而至的精彩"，这正是课堂教学追求的"教学相长"的境界。教师在教学中就是要善于发现学生的闪光点，抓住学生思维的火花，点燃学生的智慧之光，从而也可以提高自己。可以说，学生造就教师，学生是教师教学的实现者。

这些"火"与"光"来自何处？从疑问处来。教师要善于引导学生去发现学习中的疑问，不放过一切可疑之处，敢于质疑，朱熹说："读书无疑者，须教有疑。"

宁鸿彬老师要求学生"三不迷信"（不迷信古人，不迷信名家，不迷信老师）和对学生"三欢迎"（欢迎上课随时质疑，欢迎发表与教材不同的意见，欢迎提出与老师不同的观点），正是培养学生的求疑精神。通过对疑问的讨论研究，最终获得提高，"有疑者，却要无疑，到这里方是长进"。疑问来自何处？从细微处来："于细微处见精神"是写文章的要求，教学也应从小处着眼，善于发掘教学中的看似不起眼的细枝末节，找出"微言大义"。从比较处来：要及时抓住教学中的可比之处，只要有疑问的眼光，那么处处留心皆学问。从矛盾处来：有些文字看似矛盾，其实是作者有意为之，或蕴含深意，教学中不可放过。

培养学生的"怀疑精神"也是教师的天职。教师要善于激励学生去质疑，保护学生的积极性，引导学生的"求疑"思维；不可忽视学生细微的心理，无视学生质疑的需求，轻视学生稚拙的问题。叶圣陶说："教师之为教，不在全盘授予，而在相机诱导。必令学生运其才智，勤其练习，领悟之源广开，纯熟之功弥深，巧为善教者也。"

教师要"无限相信学生的潜能"（朱永新语）。在教学中，教师不能把学生当作"知识的容器"，而应把学生看作有独立人格、具备一定的学习能力、能够自主发展的学习主体。教师的教学只能通过学生的主动学习才能取得实效。新课程改革倡导的教师角色由传统的知识传授者转变为学习活动的参与者；由传统的教学支配者、控制者转变为学习的组织者、促进者、指导者；由传统的静态知识占有者转变为知识的动态研究者。教师应营造一个让学生充分施展才华、放飞自由心灵的空间。美国心理学家罗杰斯强调让学生处在一种无拘无束、自由畅达的空间中，他们才会尽情地"自由表达"和"自由参与"。叶澜老师倡导的"让课堂焕发生命的活力"，也是这种境界。

每篇课文都是一个完整复杂的系统，阅读教学要引领学生轻松地、顺利地进入这个系统的脉络，解读这个系统的信息，体验这个系统的情理趣味，需要找到一条途径、一个切入点；需要一种"四两拨千斤"的技巧，一个通往"豁然开朗"境界的"幽径"。这是教学艺术，也需要教学艺术。在这些课堂教学艺术中，巧妙的、有挑战性的问题就是激活学生思维的"按钮"，就是点燃学生心灯的火石。苏霍姆林斯基说："教师的语言素养在极大程度上决定着学生在课堂上的脑力劳动的效率。"教师的课堂教学语言尤其是设问的语言，应当简明扼要，富有启发性、激疑性、挑战性。本课中的"鸿门宴上，项羽到底想不想杀刘邦？当时的局势，项羽该不该杀刘邦？"两个问题，收到了"一石激起千层浪"的效果。语文教师在备课时应该充分研究教材、挖掘教材，对教学参考资料应当有自己的观点，对所谓的"定论"也不要人云亦云。司马迁之后，世人对《鸿门宴》的看法有很多，大多认为项羽有勇无谋、刚愎自用，以致痛失良机，坐送霸业。但是，如果我们停留在前人的见解上裹足不前，不敢怀疑，不想超越，我们就永远不会进步。本节课上我和同学们的讨论虽不能说是为项羽"翻案",但应该说言之有理,对学生形成正确的历史观不无益处。

案例中,教师紧紧抓住学生提出的"我认为项羽不杀刘邦是明智之举"这个稍纵即逝的"创新火花",适时引导学生质疑,鼓励学生存疑,点燃了学生的智慧之光,生成了后面的精彩课堂。通过课后认真、深入地反思,也提高了教师自己的教学艺术和理论水平。可以说,这样的反思就是对这堂课的有效性和是否达到"教学相长"的目的进行的反思。

也有外国的专家在谈什么是"好课"时提出有效教学的五个标准,即教师和学生共同参与创造性活动;通过课程发展学生的语言能力,提高学生的文化素养;教学联系学生真正的生活,促进创造性学习的理解;教学应具有挑战性,发展学生的认知思维;教师通过对话进行教学,特别是进行教育性对话。

在进行教学反思时,我们还可以思考:教学情境的创设与激趣导入、提问与倾听、讲授与激励等是否有效。

五、课堂教学如何改进

教学反思的目的是回顾过去,着眼将来,将反思之所得指导日后的教学。因此,教学反思时不但要总结课堂教学的经验、亮点、优点等,还要分析一节课的疏漏失误在哪里……以问题为核心,寻找理论支持,找到解决问题、改进教学的方法。例如,一位新教师在教学反思日记中写道[1]:

2004 年 11 月 5 日　　　星期五　　　晴

参加工作半年多来,我感觉自己的进步不是很大,但值得反思的地方比较多。在教学上,我尽量做得好一点:上课前,做好一切准备工作,如备课,准备好课件,我的目标是把握重点和难点,尽量使课堂的内容更充实;课堂上,我在完成教学任务的同时,会尽量给学生自由发挥的空间,让他们积极动脑。尽管我常常注意怎样上好一堂课,但由于自己的经验不足,教学总是存在一些问题。首先,课堂基础内容太多,提高内容太少,对于一些好的学

---

① 徐智.中小学教师教学反思研究 [D].桂林:广西师范大学,2005.

生来说是不利的。因此对于一堂课的"阶梯式"教学自己一定要把握好，这样才能让不同层次的学生在课上有所收获。其次，课上的及时纠错能力还有待提高。在课堂上应及时将学生出现的一些错误指出来，并当场分析纠正。如果不这样，当天的作业肯定会反映出这些错误。所以，我一定要在学生出错后，第一时间纠正他，这样才能让学生理解得更深，做题目才能提高质量。再次，对一些基础差的学生的辅导、照顾不够，这同样是一个重要的问题。我想在今后的教学中，我会更加注意这一点，抓紧对这些学生的督促。最后，就是自己的一些基本功问题。如板书的随意性、单词连写问题等，不能让一些细节性错误影响学生。所有这些方面，我都需要好好学习和改进，我会在平时多请教有经验的老师，向他们多多学习，多多请教。在平时的日常生活中，我觉得自己和学生的接触还不够，这样，彼此就会生疏。我想，不光是我有这样的感觉，学生们肯定也会这么想。以后，我会注意多和学生交流，促进相互了解，相互熟悉。"教学相长"就是这个道理吧。

案例中，这位新老师总结了半年多以来课堂教学的情况，反思了不足之处：没能很好地面向全体学生、没有做到因材施教、没有及时纠错与评价、板书随意等，为日后教学的改进指明了方向。

教学反思的方法

教学反思的方法是指教师对具体的教学实践进行再思考、再认识时所采用的方式，常用的方式有"六个一"，即"想一想""议一议""问一问""比一比""写一写""试一试"。

一、想一想

每一次的教学实践完成后，教师应多想一想，多问一问自己：教学目标是否达成？教学设计是否合理？教学实施是否顺利？教学气氛是否和谐？教学过程是否得到优化？教学方法是否灵活？教学手段是否合适？教学策略是否得当？教学效果是否良好？师生沟通是否畅顺？对学生的评价是否科学、客观、公正？激励奖励是否得法，是否有利于激励学生的学习？危机处理是否恰当？学生是否乐学？自己是否愉悦？有什么亮点？有什么不足，还需要如何改进？等等。

重点应多想一想：学生在课堂上究竟获得了什么？有没有得到发展？

二、议一议

我国自古就有"旁观者清，当局者迷"的说法，可见反思并不是一件容易的事情。教师除了进行自我反省，还可以多上公开课，课后多研讨，把自己的想法与同事进行讨论，与专家进行对话，让他人指出自己课堂教学中存在的问题，明白自评与他评之间的差异，以进一步改进自己的教学实践和促进自己的教学反思。这样通过与他人研讨交流的方式来诊断自己的课堂教学，能有效深化自己的反思，从而进一步提高教学质量和水平。

三、问一问

在日常的教育教学工作中，教师还可以通过询问学生，或定期让学生写教学建议的方式来进行教学反思。这样，教师就可以从学生的建议或意见中了解学生在想什么、需要什么、喜欢怎样的老师等内心想法。同时，教师还可以对学生的这些课堂真实感受进行筛选、记录和反思，并及时调整和优化自己的教学，从而实现以生为本开展教学。例如，上海市通河中学的施晓莺老师就曾经做过这样的反思：

一天下午语文课开课不久，我发现有个学生已经将头伏在课桌上。由于不想打断教学进程，我没有过多在意。可是没过一会儿，伏案的同学渐渐增多，其中个别学生已有鼾声传出，引得其他学生寻声窃笑，然后竟哄堂大笑起来。到底为什么学生提不起精神，瞌睡泛滥？或者说为什么语文课变成了催眠课？

课后，我找到了那些伏在桌子上的学生，询问他们为何不能坐直听课，他们垂着头述说的理由大多是昨天睡得晚，很累。看着他们耷拉着脑袋等待挨批的样子，我总觉得原因没那么简单。趁休息时间我与这个班的其他课任教师交流了情况，得知理科教师上课时普遍没有此类现象。我提到的几位伏案学生在理科课堂上有的还思维活跃，反应快捷。这样看来身体因素并非主要原因，也或许不是原因。很多时候教师都被学生蒙蔽了，往往以批评教育学生而告终，没从多方面、多角度去调查研究，反思自己。

于是，我想通过本周的随笔来了解学生对语文课的看法。因此，我不失时机地布置了随笔作业，题为《我眼中的语文课》。从作业反馈的情况我了解了诸多学生的真实想法，也找到了问题的症结——文言文上课的形式与学生的精神状态直接有关。的确，回想以往，在文言文教学时，课堂气氛总是沉闷不堪，死水一潭，愈演愈烈也就发生了哄堂大笑的一幕。

四、比一比

对比体现差异，对比促进反思。相信很多教师都有同样的体会：对于同一教学内容，上第一次与第二次、第三次所采用的教学策略、教学效果不会完全相同。同样，如果一个教师上两个班级的课，讲授同一内容，所采用的教学方法和取得的教学效果也不可能完全相同。为什么在这个班级取得的效果好，而在另一个班级效果却不佳？只要我们留心观察，认真思考，通过横向、纵向的联系和对比，必然可以从中有所发现、有所收获。

五、写一写

教学反思的目的是为了总结经验教训，查漏补缺，改进日后的教学。因而，教师把自己的所思和与他人交流的所得及时地记录下来尤为必要。在每一次教学结束后，教师要详细回顾并记下自己教学的全程，对教学理念的先进性、教学目标的达成度、教学策略的有效性、教学内容的准确性、教学设计的科学性、师生情感的默契性等方面进行全方位反思，并及时把反思所得写下来。写的形式灵活多样，可以写教后记，可以写反思日记，也可以写论文等。由于反思的内容有很多，写的时候不能面面俱到，因此应有所侧重。如何写好教学反思？有专家认为可从五方面入手，即写成功之处、写不足之处、写教学机智、写学生见解、写"再教设计"。

1. 写成功之处

授完一节课后，教师通过回顾教学过程，体会教与学的成功之处，一定能从中得到启发，然后再一点一滴记录下来，日积月累，经验会越来越多，教法就会越来越活，驾驭课堂的能力就会有质的飞跃。瑞雪烹梅的博客里就有这样的一篇教学反思：

《两只小狮子》教学反思

在《两只小狮子》一课的教学中，看着学生兴趣盎然的表演，听着学生朗朗的读书声，我感受到学生发自内心的快乐。在教学中，我为学生创设了一个"童话"般的情境，为学生搭建了一个激发想象、释放才智的平台，充分发挥自主式、参与式的教学优势，把课堂还给学生，使每个学生都能在快乐中学习。本课满意之处有以下两点：

在这一课的教学中，我做到了深掘教材，敢于创新，为学生创造了思维、想象、表达的宽松环境，如让学生思考：看到懒狮子这样，你想对它说些什么？在学生思考的同时，我予以点拨、诱导，使学生积极主动参与，发挥想象。

在教学活动中，我创设情境并以伙伴的身份加入学生，同他们一起活动、表演，完全舍弃了"师道尊严"，使课堂上突出了学生的学习主体地位，实现了师生间的平等对话。

上完这节"童话课",我深切地领悟到:要使学生主动、富有个性地学习,必须从学生这一主体出发,在课堂上为他们栽下一棵枝繁叶茂的梧桐树,为他们创设一个挥洒自我的乐园,从而使学生实现"我喜欢学"。

同时,本课也让我感到情境教学对于低年级学生犹如"灵秀之泉",滋润着他们的心田;对高年级学生来说对培养情感、启迪思维、发挥他们的主体作用,培养学生的参与性、自主性、创造性,提高学生的审美情趣和综合素质都有积极作用。

2. 写不足之处

课堂教学中既有所得,也难免会有所失,即使是成功的课堂教学也会有疏漏失误之处,只要课后对这些不尽如人意的地方进行系统的回顾、梳理、剖析,做深刻反思,及时查漏补缺,就能吸取教训,使教学更上一层楼。例如:

《四个太阳》教学反思

(节选自瑞雪烹梅的博客)

教学本课时,为了激发学生的学习兴趣,我根据低年级学生的年龄特点,采用多种教学手段等带领学生愉快地进入情境,从而达到学习的目的。

满意之处:

(1)注重讲读训练,从感悟到积累……

(2)创设情境,培养学生的说话能力……

不满意之处:

(1)由于低年级学生年龄小,在进行拓展练习这一环节时课堂纪律较乱,耽误了一些时间,以后要在组织教学工作上努力。

(2)教学时对过程的评价太少,特别是小组的合作学习,而且评价的方式也十分单一。如果在学生评议的时候适当地增加一些学生互评、小组互评,效果会更好,我想这样不仅可以使评价方式多样化,而且可以促使学生的主体性、能动性、创造性得到充分发挥。

3. 写教学机智

在课堂教学中,随着教学活动的展开,师生的思维碰撞及情感交流的融洽,往往会不由自主、突然而然产生瞬间的灵感而迸发出"智慧的火花"。这种灵感要比自己平时的苦思冥想高明得多,课后若不及时捕捉、反思,便会因时过境迁而烟消云散，使自己错过一次成长的机会。例如：

《小珊迪》教学反思

（节选自瑞雪烹梅的博客）

21世纪的教育是关爱学生生命的发展、启迪学生灵性的教育。课堂教学理当为学生创造放飞灵性双翼的机会。

……

教学片段二：一名学生站起来说："老师，我觉得小珊迪的腿被轧断了应该住在医院，怎么躺在一张破床上？"我一听，愣了一下，没想到学生敢向教材挑战，提出这样的问题。教室里顿时安静下来，同学们的目光都投向了提问题的同学，像在问：怎么会提这样的问题呢？我做了临场应变，马上用一种期待的目光注视着这位学生说："你真勇敢，能谈谈你的看法吗？"这个学生听到老师这样说，马上自信地说："腿被马车轧断了，没钱看病，司机跑了，小珊迪就躺在自己家的一张破床上了；也有可能自己没家——连一张破床也没有，是一位陌生人给了他一张破床……"

多好的想法啊，请同学们在小组里再读一读、议一议，希望同学们都能像这名同学一样，勇敢地说出自己的见解和感受。同学们的表现欲望被激活了，读书声、议论声充满整个课堂，学生们发言积极踊跃，"可能是小珊迪通过乞讨积攒下来钱买了一张破床。""也许是小珊迪和他的弟弟自己做的破床。""也许是他爸爸临死时留下的破床。""也许是他俩流浪在街头，遇到一家已经没人住的破房子里有张破床。"……"小珊迪死了，他的亲人呢？他的父母是怎么死的？什么时候死的……"

课堂有提问，有发言，有补充，有辩论。一个"感受"问题的提出激活了学生思维的兴奋点，激发了学生的参与热情，课堂上呈现出合作、探讨的气氛。这无疑是真正的读书，读书而又不盲从于书，敢于向教材挑战，体现了他们自主、合作、探索的精神。当然，学生的质疑不一定都正确，更不可能都完善，但这并不重要，只要没有大错，就应当尊重学生的认识，保护学生善于发现问题的能力以及独立思考问题的能力，充分展现每个个体生命的风采，这样课堂上才能形成合作、探究的气氛。

此片段中，问题让学生提，疑难让学生议，见解让学生讲，使学生在争辩中增强了自身学习的自主性，唤醒了学生个体创造的潜意识。这样的课堂如果能持之以恒，必然有利于学生创新意识的萌生，促进其创新能力的发展。

4. 写学生的见解

学生是学习的主体，学生总会有一些与众不同的想法，教师应当及时给予肯定和激励，让这些独特的见解、好的方法、好的思路得以推广。课后还要将它们记录下来，作为今后教学的材料养分，拓宽教学思路，提高教学水平。

例如，浙江东阳市外国语小学余云仙老师上完《时光老人的礼物》后做了这样的反思：

《时光老人的礼物》是一首抒情诗，学生自读自悟了以后，我请学生分享他们自己的自学结果，交流学习心得。这时一名学生犹犹豫豫地举起了手，站起来还环顾了一下四周，说："老师，我有一个问题，可不可以问？"

"读书读出了问题，这很好啊，说明你已经读进去了，有什么问题，我们可以一起来讨论一下。"

得到鼓励，那个学生迫不及待地说："老师，表示对长辈的尊敬应用'您'，而这里怎么称时光老人为'你'？"

这个问题我自己都没有注意到呢！

学生们像受到了启示一样，顿时议论纷纷。

在这热闹的场面中，另一名学生举起了手，说："因为时光老人永远都不会死，他永远都是年轻的，是永恒的。"

其他学生表示赞同地点点头，我心中窃喜：学生的思维多么奇妙啊！

正当我想对这一问题做一个总结的时候，又出现了新的情况：只见一名学生带着严肃的表情，气呼呼地说："既然时光老人表示永远不老，永远都是年轻的，那为什么说他是老人呢？"

话音未落，其他学生马上就有不同的意见，一名学生说："这里将其称为时光老人，是表示对他的尊敬，并不是说他是老人就老了。从有我们这个世界就有了时间，对于我们人类来说，时间的岁数已经很大了，可是时间不会消失，所以对于他自己来说，还很年轻。"

这么深奥的道理他们都懂，真不能小看他们！

"就像圣诞老人一样，他也是永远都不会老的，可是我们还是叫他老人，因为他们都很慈祥，都应受到人们的尊敬。"

我总觉得语文学习是学生个性化的行为，特别是阅读，更要充分地给予学生自主权。每个人的生活经历不同，每个人的思想不同，思考同一个问题的角度和方式也不同，面对这么多的不同，若我们在课堂中非要追求统一，对学生来说，真是一件残忍的事情。

所以，在课堂中，我总喜欢让我的学生说出他们自己心中的想法。有的时候我真的很佩服我的学生，他们什么都知道，什么都会说，什么样的思维他们都有。只要给学生一个宽松的环境，学生的想象力与创造力都是出乎我们意料的！

案例中，余云仙老师注意随时把握课堂场景，留意课上出现的这样或那样的情况——课堂上学生的奇思妙想，将它们印在脑海中，课后及时地记录了下来，并进行反思，既有她对课上教与学的反思——课堂上学生学习的闪光点和教师对突发情况的处理进行的反思，也有课后的相关思考，是将两者有机融合在一起加以分析的。这些奇思妙想不但可以作为日后教学的补充材料，还可以拓宽教师的教学思路。

5. 写"再教设计"

一节课下来，教师经过深入反思，总结经验与教训，在原来的基础上扬长避短，精益求精，调整教学策略，改进教学方法与手段，优化课堂教学结构……重新再进行一次教学设计。这种经过实际操练之后写出的教学设计，可以把教师的教学水平提高到一个新的境界和高度。例如，我曾经在网络上看过这样一篇教学反思：

一节"乱"的公开课的教学反思

前一段时间内，我连续上了两节公开课。一节是校内公开课，另一节是探究课。两节课的内容是一样的，但我采用了两种不同的教学方式。

一节采用了传统的以教师为主体的"循规蹈矩"的教学方式，基本上是事先完全设计好的，包括哪个问题该怎么回答，会有哪些可能的变化，会请哪个同学回答，等等。这一节课学生完全按我所设计好的程序来进行，而我自己也是不敢多提一个问题，不敢拓展学生的思路。一堂课下来，我基本完成了教学任务。可学生呢，根据我课后调查才知道，有相当一部分的学生没有理解本节课的知识内容；评讲时，也因为时间不够而没有得到应有的效果。

另一节是为了配合新课标的实施所上的一节探究课。这一节采用的是以学生为主体的探究式的教学方式，整节课从头到尾都有点"乱"。我没有再用那种事先设计好的教学程序去授课，整节课都是我提出问题，然后由学生自己去解决，而后又由学生提出新问题，大家一起去探究怎么解决。课堂上，学生提出了各种让人意料不到的新问题，连我自己都有点招架不住。课堂气氛很活跃，甚至有些"乱"，以至于我不得不提醒学生停止讨论。事后我有些担心，可结果正好相反，这次上课的同学们都在学习中找到了乐趣，认为基本弄清了所学的问题，而且有些不喜欢上物理课的同学也说学习物理也挺有意思的。

通过这两节课的教学方式的鲜明对比，我深深地体会到，新一轮的课程改革不是我们想象的那么简单。原本我们认为，只要按照课本给出的知识点，进行一些学生实验就可以了。但实际上，新课程对教师提出了更高的要求，教师不再是传道授业解惑的师者，而是要塑造适应 21 世纪国际人才需要的新人。如何达到这一目标？教师是关键。按照过去的检查、验收课，课前要对学生进行适当引导，即上所谓的预备课，课上学生与教师都"循规蹈矩"，配合得天衣无缝。这样的课，教者安心，听者舒心。课的评价自然是一堂难得的"好课"。但在准备本节课时，我没有给学生做任何的课前"准备"，学生是完全的自然状态。说实话，我完全有时间进行所谓的"准备"，但这样做完全违背了教改的宗旨。教师只有彻底地摒弃过去的旧有教育思想，切实转变教育观念，在教学中以人为本，不放过教学中的每一个可以利用的契机，不怕出现"乱"局面，敢于让学生"乱"起来，同时有机地处理好"知识与技能、过程与方法、情感态度和价值观"在整个教学活动中的关系，才能把新课程的精髓落实到课堂教学的实处。

这个案例是一位物理老师针对同一教学内容采用两种不同的教学方式进行教学实践后所作的教学反思。第一次公开课采用了以教师为主体的"循规蹈矩"的传统的教学方式，结果是一堂课讲下来还有相当一部分学生没有理解老师所讲的内容；第二次公开课是采用以学生为主体的探究式的教学方式，整节课都有点"乱"，可学生的学习兴趣很高，基本上弄懂了所学的知识。因此，这位老师认为，教学中应做到以学生为本，不放过课堂教学中任何一个可以利用的教学契机，不但不怕学生"乱"，而且要敢于让学生"乱"起来，在学生的"乱"中有机地处理好三维目标在整个教学活动中的关系，只有这样才能把新课程的精髓落实到课堂教学中。这样的反思是能快速促进教师的专业成长的。

六、试一试

教学反思不是为回顾而回顾，而是通过回顾去指导日后的工作。所以，教学反思绝对不能仅仅停留在"思"的阶段，关键还是要行动跟进。在回顾反思中所发现的问题和不足都要进行修正行动并进入新一次的行动实践中。只有每一次的课后及时进行深入的反思，反思之后再进行一次或多次的行动跟进，教师才能在"实践—反思—改进—再反思—再改进"这样一个循环往复的历程中获得真正的改变和成长。许多教师体会不到教学反思的意义，是因为缺少反思后的行动跟进。以下这个案例是笔者十多年前写的一篇反思文章：

多给一份自由，少提一点要求
——由一次作文教学实践所想到的

那是一节情境作文课——教学生写好人物的语言、动作、表情和心理。为了便于指导学生观察，课前我根据情境作文教学的有关课例编了一个小故事，题目是《难忘的一件事》。故事大概的情节是：一天，奶奶不小心摔破了一个碗，受到妈妈的埋怨，奶奶生气地回到了乡下。小强想出一个办法，让妈妈回到乡下向奶奶道歉，并把奶奶请回家。在这一过程中，人物的语言、动作、心理和表情我都编得相当精细，然后教给三个学生表演，尤其是对人物的动作、语言、心理和表情我都做了重点指导。

课堂上，我交代了学习内容后，要求全体学生仔细观察，重点观察他们的语言、动作、心理和表情。三个学生走上台来，努力按照我的要求去表演。结果表演得断断续续、磕磕巴巴，语言、心理和表情生硬呆板，好像在背书，而且还常常忘词，逗得学生不断发笑。我当时看在眼里，急在心里，不知如何接着上这节课。这时，有几个学生把手举得高高的，嘴里不断地喊："老师，让我来！让我来！"我只好顺水推舟让他们来表演。自告奋勇的三个学生又把刚才的故事表演了一遍。他们的动作、语言、心理、表情和我的本意不同，但要比前一组的表演成功得多。这时又有同学举手问："老师，我们表演别的故事行吗？"我同意了他们的要求。结果，他们自愿组合表演不同内容的故事，他们的表演自然流畅，形象逼真，尤其是卖香蕉的那段表演更是活灵活现，赢得了阵阵的掌声。那个扮演"小贩"的男生把"小贩"吆喝叫卖时的语言、动作、神态演得惟妙惟肖，从头到尾表演得非常娴熟……

课后，我认真总结了这一课的成与败，反思了往常的教学。长期以来，为了按时完成教学任务，备课时我做了很多准备工作，思考的核心是如何顺利完成设计好的教案，从没想过学生的需要，总是以教师的思维代替学生的思维。课堂上，靠提示性提问让学生说出教师希望得到的答案或结论，学生被教师"牵着鼻子走"，使他们不能生动、活泼、主动地学习。

《义务教育语文课程标准（2011年版）》强调："学生是学习和发展的主体。语文课程必须充分激发学生的主动意识和进取精神，倡导自主、合作、探究的学习方式。"近年来，我们在教学中也提出"要以学生为主体、让学生动起来"的教学主张。从课堂表面看，学生确实是动起来了，但仔细想一想，许多情况下学生的"动"同样是在教师的"牵引"下进行的，没有真正给过学生自主学习的机会。教师做得太多，提的要求太细，总担心学生学不会。殊不知教师的这些做法恰恰限制了学生的思维，阻碍了学生能力的发展。这是多么悲哀的教学呀！

从这堂课后，我改变了原来的一贯做法，在课堂中尽量给学生多一点自由，少提一点要求，该放手时就放手，给学生创造自主学习的机会，让他们自己提出问题，然后在教师的引导下尝试解决问题。在课堂上，我和学生之间的关系也是平等的。在学生运用知识、自行探究的过程中，我是一个"旁观者""调控者""参与者"。我是学生学习的"老师"，也是学生学习的"朋友"，更是学生学习的"对手"。学生可以自由地发表意见，可以客观真实地提出与教师不同的意见甚至相反的意见。师生之间、学生之间既可以互相协作、讨论问题，又可以发表自己的见解，我们努力营造一种和谐、民主、竞争的学习氛围，从而发挥了学生学习的积极性。

例如，在《小音乐家扬科》最后一段的教学时，学生提出了这样一些问题：小扬科死时为什么旁边躺着树皮做的小提琴？白桦树在号叫是什么意思？号叫什么？扬科为什么张大眼睛？课文前面讲过扬科只要有一把小提琴，他愿用一切去交换，怎么会死不瞑目呢？扬科快要死了，为什么还要写燕子在歌唱，小姑娘在唱歌呢？等等。学生提出了这些问题，又带着问题自主阅读，并通过互相讨论，解决了问题。再如，《钓鱼的启示》倒数第二自然段有这样一句话："道德只是个简单的是与非的问题，实践起来却很难。"在自学时有学生提出："既然道德只是个简单的是与非的问题，这里为什么又说实践起来却很难呢？"真是一石激起千层浪，学生产生了急切探求的欲望，最后在老师的点拨下，通过探究、交流，解决了这些疑问。

通过这些教学尝试，更使我认识到，为了让学生自主学习、主动发展，我们在教学中必须给予学生一个自由发展的空间。现在的学生天真而又有个性，充满幻想，思维和表达不受任何限制，疑问看似简单平常却又新颖奇特，回答与老师的预设答案虽有差距但有其客观合理性。因此，我们在教学中必须保护学生的好奇心、求知欲、充分激发学生的主动意识和进取精神，根据学生的这些创新表现，多给学生一份自由，少提一点要求，该放手时就放手，给学生营造一个自主探究的氛围。

在文章中，笔者认真总结了这一课的成与败，反思了自己往常的教学，学生被教师"牵着鼻子走"，使他们不能生动、活泼、主动地学习。因此，结合《义务教育语文课程标准（2011 年版）》的要求，改变以往一贯教法，在以后的课堂教学中，尽量给学生多一点自由，少提一点要求，该放手时就放手，给学生创造自主学习的机会，并收到了较好的教学效果。这是一个"实践—反思—改进—再反思"的过程，由于反思后有行动跟进，因而教学效果明显。

结 语

教学反思已越来越受到教师们的重视。上完一节课后，教师要及时进行回顾和反思，将成功与教训记录在案，以便今后调整教学策略，及时查漏补缺，从而不断提高教学质量和教学能力。教学反思，贵在及时，贵在坚持。教学反思要做到：一有所得，及时记下；有话则长，无话则短；方法多样，灵活运用；评价过去，着眼当前；以记促思，以思促改；长期实践，必有收获。

课题研究

有些老师，尤其是农村学校的老师，他们认为教育科研是高校教授、教育科研部门专业人员的事情，一线的中小学教师根本没必要进行教育科研，只要把自己的课上好，抓好成绩就行了。这种看法既不利于教师的专业发展，也不利于教育教学质量的提升。苏霍姆林斯基说过，如果你想让教师的劳动能够给教师带来乐趣，使天天上课不至于变成一种单调乏味的义务，那你就应该引导每一位教师走上从事研究这条幸福的道路上来。

课题研究概说

谈到课题研究，我们不能不追问什么是课题？什么是研究？课题研究如何实施，要注意什么事项，等等。

《现代汉语词典》里解释：课题是"研究或讨论的主要问题或急需解决的重大事项"。研究是"探究事物的真相、性质、规律等"。

百度百科则将"课题研究"定义为："是指要对正在学习或研究的问题进行讨论或急待解决的问题进行研究。课题包括市级课题、省级课题、国家级课题等。"

结合广大教师所从事的工作的性质，课题研究就是指教师或教育工作者把日常工作与学习所遇到的教育教学问题作为研究的对象，借助相关的教育理论，运用相应的研究方法，来追问其根本和根源，并寻找问题解决的方法或寻找新突破点的创造性认识活动。简单来说，课题研究就是研教育教学问题的根本，究其根源，在于寻找办法。

课题研究的意义

正所谓教而不研则浅，研而不教则空。学校发展、教师专业成长和教育教学质量提高的支点就是教育科研。"有识者重视教育科研，有志者开展教育科研，有为者得益于教育科研"。① 一所学校可能因为一个课题的研究而改变，最终成为一所品牌学校；一个教师可以因为一个课题的研究而成长，最终成为一个名师。但是，目前有很多学校、很多教师对课题研究认识不足，只是把课题研究作为申报职称、职务晋升的一个条件来完成，当目的达到后就觉得课题研究可有可无，没有认识到课题研究的重要意义。

一、课题研究是学校发展的第一生产力和必由之路

事物的发展总是遵循前进性与曲折性的统一规律。任何一所学校在其发展的进程中总会面临许许多多的新情况、新问题、新矛盾。这些新情况、新问题、新矛盾都是制约学校发展的重要因素，如果不能及时解决，就会严重影响教育教学的变革，甚至阻碍学校的发展，办适应社会和学生个性发展需求、人民满意的教育的目标就难以实现。再加上这些问题或矛盾是伴随教育的快速发展和社会转型而出现的，原有的经验已不能奏效，已有的老办法亦不能破解，这个时候教育科研自然就成了解决这些问题或矛盾的最佳切入点。

同时，任何一个学校在其发展历程中都会经历自身发展的"高原期"，遇到发展的"瓶颈"问题。此时，如何突破"瓶颈"，如何引领学校走出"高原期"，进入一个新的更高的发展阶段，使学校焕发青春活力，呈现新的发展态势，唯有科研才能实现。

---

① 蒋国平.做课题并不难［M］.桂林：广西师范大学出版社，2011：11.

由此可见，课题研究是学校可持续发展的必由之路。

二、课题研究是教师专业成长的必需品和助推器

在世界政治、文化多元，科技发展一日千里的当今，世界各国教育改革的步伐也在加快。为实现义务教育均衡、优质发展，培养学生的核心素养，落实立德树人的根本任务，办好人民满意的教育，多年来我国深入推进素质教育，深化课程改革，几番修订课程标准，稳步实施新高考。两年前为了应对新冠肺炎疫情而采取线上教学，近年又相继出台"双减"政策和"五项管理"规定等系列教育教学改革措施。时代在变，教育在变，学校在变，课堂在变，教育的对象——学生也在变。如何做到"轻负高效"，采取何种教学方式、学习方式、阅读方式，建构何种师生关系、评价方式，等等，对广大教师来说必然是一个全新课题。为了适应教育新形势，办好群众满意的家门口学校，提高教育教学质量，教师理应由"经验型"教师转向"科研型"教师。

为了做好课题研究，教师必然会查阅大量的教育文献和理论资料，用来指导、改进自己的研究和实践。教师在"学习理论—分析文献—行动跟进—反思总结—改进实践"一系列活动中，学会整理搜集资料，学会反思借鉴，学会行动跟进，学会成果推广运用……不但有利于提高自身的理论素养，凝练自己的教学理念，形成个人的教学风格、教学特色，而且有利于教育教学质量的提升。

作家梁遇春曾写文章嘲弄说，很多教师就像是知识的贩卖店，一本讲义用十几年，就那么点知识贩卖了一遍又一遍。不做科研、不研究学生，每天疲于奔命，没有创新的教师确实只是知识贩卖店。对于教师来说，教育科研是一剂良药，科研可以使我们不断创新，使我们乐在其中，能提高我们生命的质量。

由此可见，课题研究是教师成长的必需品和助推器。

课题研究的过程与实施

在很多农村学校的教师看来，课题研究是神秘莫测和高不可攀的东西，主要原因是他们对课题研究缺乏了解，有的教师想尝试研究但又缺乏必要的引领，往往无从入手。如果了解了课题研究的各个过程及其所要进行的工作和注意事项，这个问题就迎刃而解了。

一般来说，一个完整的课题研究过程可以分为四个阶段，即准备阶段、实施阶段、总结阶段、鉴定推广阶段。下面就课题研究四阶段的主要做法和注意事项做一个简单梳理。

一、准备阶段

在课题研究的准备阶段主要做好五项工作，分别是选择课题、查询资料、问卷调查、课题论证和设计方案。

1. 选择课题

选题，即选择将要进行研究的内容，这是进行任何一项研究工作的起点，也是整个研究中极为重要的一项工作。那么，如何进行选题？选题的标准是"有意义""有价值""可行性大""可操作性强"。

（1）"有意义"主要是选取的课题能瞄准国家关心、社会关注、群众关切的基础教育和教师教育的重大实践课题与热点难点问题，具有基础性和前瞻性。

（2）"有价值"是指选取的课题具有应用性，通过研究能为学校、教师解决教育教学中的实际问题，有利于学校、教师和学生的发展。

（3）"可行性大"是指研究的内容、研究的目标是研究者力所能及的，研究所需要的场地、设备、经费等是有保障的。

（4）"可操作性强"是指整个研究过程是可以按预定的研究方案进行、完成的，研究的方法也是可行的。

如果选定的课题是一个有意义、有价值、可行性大、可操作性强的课题，那么对研究的顺利完成并取得成果就能起到事半功倍的作用，特别是选题切忌大而空。例如：

① 互联网时代下的农村教育。

② 乡镇学校信息化教学方法研究——微课辅助教学的研究。

③ 农村留守儿童教育的策略研究。

④ 农村留守儿童偏常心理与不良行为的辅导、矫治。

以上四个选题，对于普通教师来说，第①第③两个题目就显得大而空泛，因为农村教育既包括小学教育、中学教育，又包括学前教育；留守儿童教育既包含思想教育、学科教育，又包含学校教育、家庭教育、社会教育等，均是大题目，难以把握。而第②第④两个题目研究的范围就要小得多，针对性和操作性都强，极具现实意义。

2. 查询资料

任何一个研究活动都离不开研究者对文献资料的查询与收集。选题确定或初步选定后，教师就要通过查阅与这个课题相关的理论专著、报纸、教育书刊、网络资料、日常教育教学实践中积累的案例和数据等，了解国内、国外、前人与别人对本课题有关的研究历史、研究现状，如谁进行过这方面的研究，他们做了哪些方面（内容）的研究，采用了哪些研究方法，研究到何种程度，解决了哪些问题，取得了哪些成果，做了哪些应用与推广，效果如何，还存在哪些缺陷、不足，选题是否有价值有创新，等等。这样就可以帮助研究者在前人研究的基础上，通过分析、借鉴、改进、丰富、完善，进行新的研究，还可以考虑是否对选题进行适当的调整与修改。

在查阅文献资料时，教师要全面、及时、认真地进行记录，在记录文献资料时，除了记录内容摘要外，还要详尽地注明有关信息，如文章的题目、作者、刊物、期号、页码、出版者等，以便在研究过程中随时进行检索、核查。

3. 问卷调查

问卷调查是指研究者根据与研究目标有关问题制定详细周密的问卷，要求被调查者据此进行回答以收集资料的方法。它是教师在课题研究活动中用来收集资料的一种常用的研究方法和手段。其目的是了解研究对象的客观现状，为研究方案的设计（研究的内容和重点、难点、方法等）等做准备。例如：

学生行为习惯现状调查问卷（学生卷）

班级：＿＿＿＿ 姓名：＿＿＿＿ 性别：＿＿＿＿

同学们，请你根据实际情况在合适的括号里打"√"。

1. 你的身体素质

　　A. 好（　　）　　　　　　B. 一般（　　）　　　　　　C. 差（　　）

2. 你每天早睡早起吗？

　　A. 每天自觉早睡早起（　　）

　　B. 周末或放假不是（　　）

　　C. 需要时时提醒（　　）

3. 你喜欢锻炼并乐意参加户外活动吗？

　　A. 喜欢（　　）　　　　B. 有时喜欢（　　）　　　　C. 不喜欢（　　）

4. 你每天的户外活动时间大致为

　　A.1 小时以上（　　）　　　B.1 小时左右（　　）

　　C. 半小时左右（　　）　　　D. 很少出去（　　）

5. 你在家是否合理饮食，不挑食、不偏食？

　　A. 合理饮食（　　）　　　B. 一般不挑食（　　）　　　C. 很挑食（　　）

6. 你每天的零花钱在（不含交通费）

　　A. 一般没有零花钱（　　）　　　　　　B.1 元以内（　　）

　　C.2 元以内（　　）　　　　　　　　　　D.2 元以上（　　）

7. 自己的事自己做吗（如洗脸、穿衣、吃饭、梳头、刷牙等）？

　　A. 完全自己做（　　）

　　B. 自己做一些（　　）

　　C. 大部分都是家长帮着做（　　）

8. 你能自己收拾玩具、整理自己的房间吗？

　　A. 能（　　）　　　　　　B. 有时能（　　）　　　　　　C. 不能（　　）

9. 你能做到自己整理书包、准备学习用品吗？

　　A. 每天都是自己做（　　）

　　B. 大多数时候能（　　）

　　C. 有时能（　　）

　　D. 从不会（　　）

10. 你参与家务劳动吗?

    A. 积极参与（　　）

    B. 有时参与（　　）

    C. 家长不放心让你参与（　　）

    D. 不愿参与（　　）

11. 在与人交往谈话或有客人到来时,你是否能做到礼貌待人,不说脏话,说话文明?

    A. 能做到（　　）　　　　　　B. 大多数时候能做到（　　）

    C. 很少时候做到（　　）　D. 不能做到（　　）

12. 家里有好吃的,你会怎样做?

    A. 主动先请长辈或弟弟妹妹吃（　　）

    B. 和大家一起吃（　　）

    C. 自己一个人吃（　　）

13. 你上学、放学或出去玩时会和家里人打招呼吗?

    A. 经常打招呼（　　）　　B. 有时会打招呼（　　）　　C. 从不打招呼（　　）

14. 和别人交流时,你会使用"请""谢谢""不客气""对不起"等日常用语吗?

    A. 经常会（　　）　　　　B. 有时会（　　）　　　　C. 不会（　　）

15. 当你遇到困难时或看到新奇现象时喜欢思考或观察吗?

    A. 喜欢（　　）　　　　　B. 有时喜欢（　　）　　　　C. 不喜欢（　　）

16. 你喜欢主动与家长谈自己的学习和学校的事吗?

    A. 很喜欢说（　　）　　　B. 受表扬时说（　　）

    C. 受欺负时说（　　）　　D. 从不说（　　）

17. 你平时能做到课前预习、课后复习吗?

    A. 能（　　）　　　　　　B. 有时能（　　）　　　　C. 不能（　　）

18. 课堂上,你能做到专心听讲,勤思考、勤发言、勤做笔记吗?

    A. 能做到（　　）　　　　B. 有时能做到（　　）　　　　C. 从没做到（　　）

19. 你能按时完成各科作业吗?

    A. 能（　　）　　　　　　B. 有时能（　　）　　　　C. 不能（　　）

20. 你的作业书写整洁吗?

    A. 整洁（　　）　　　　　B. 一般（　　）　　　　　C. 潦草（　　）

21. 遇见有困难的人，你是否经常帮助同学或他人？

    A. 经常（   ）   B. 有时（   ）   C. 不会（   ）

22. 你是否积极参加捐款献爱心活动？

    A. 是（   ）   B. 不够积极（   ）   C. 从不参加（   ）

23. 你上学、放学是否做到遵守交通规则？

    A. 做到（   ）   B. 有时不注意（   ）   C. 不会（   ）

24. 你在公共场所是否有过互相追逐、大声喧哗的现象？

    A. 从来没有（   ）   B. 有时会有（   ）   C. 经常会有（   ）

25. 你是否会在书桌上、墙壁上、门板上乱写乱画？

    A. 从不会（   ）   B. 有时会（   ）   C. 经常会（   ）

26. 你会随意采摘公共场所的花朵或践踏草地吗？

    A. 不会（   ）   B. 有时会（   ）   C. 经常会（   ）

27. 你有课外阅读的习惯吗？

    A. 有（   ）   B. 没有（   ）

28. 你一年读的课外读物有多少本？

    A. 10本以上（   ）   B. 5本以上（   ）

    C. 1到4本（   ）   D. 没有读过1本（   ）

29. 你有多少本课外书？

    A. 20本以上（   ）   B. 10到19本（   ）

    C. 5到9本（   ）   D. 1到4本（   ）   E. 没有（   ）

30. 你能做到"三勤"（勤洗头、勤洗澡、勤剪指甲），讲究个人卫生吗？

    A. 能做到（   ）   B. 有时能做到（   ）   C. 很难做到（   ）

31. 你是否会随地吐痰、乱扔垃圾？

    A. 从来不会（   ）   B. 有时会（   ）   C. 经常会（   ）

32. 你能做到衣袜勤洗换吗？

    A. 能（   ）   B. 不能（   ）

33. 饭前便后洗手吗？

    A. 每次（   ）   B. 有时（   ）   C. 不会（   ）

34. 你平时能做到每天上学佩戴红领巾、衣着整齐吗？

    A. 能（   ）   B. 不能（   ）

学生行为习惯养成调查问卷（家长卷）

班级：＿＿＿＿＿学生姓名：＿＿＿＿＿家长姓名：＿＿＿＿＿电话：＿＿＿＿＿

尊敬的家长：

为了认真贯彻教育部《中小学文明礼仪教育指导纲要》，让您的孩子养成良好的文明行为习惯，请您仔细阅读以下问卷内容，在括号中填上反映您真实想法的选项，并将本调查问卷交给您的孩子带回学校，谢谢合作。

一、你觉得教育部印发《中小学文明礼仪教育指导纲要》有必要吗？（　　）

（1）十分有必要　　　　（2）有必要　　　　（3）没必要

二、在下列饮食习惯及餐桌上的礼仪方面，你觉得你的孩子：

（1）做得最好的有（　　）（2）做得较好的有（　　）（3）做不到的有（　　）

①定时定量；②细嚼慢咽；③吃饭时不说话；④吃菜吃离自己最近的；⑤吃时不持筷子指指点点，不在菜盘里扒来扒去；⑥不边走边吃；⑦吃饭先请长辈坐；⑧帮助家长盛饭；⑨不挑食偏食；⑩把盛在碗里的饭全吃掉；⑪少吃或不吃零食；⑫打喷嚏和咳嗽时，用餐巾或手帕掩着嘴，把头远离餐桌。

三、在下面哪些方面，你觉得你的孩子：

（1）做得最好的有（　　）（2）做得较好的有（　　）（3）做不到的有（　　）

①尊敬父母长辈；②关心弱小；③与同学和睦相处；④遵守秩序；⑤遵守公共交通规则，不闯红灯；⑥电视频道家长选；⑦进他人房间先敲门，离开时道声别；⑧家长谈话不插嘴。

四、您的孩子见到客人会主动问好，会使用礼貌用语。（　　）

（1）做得非常好　（2）做得较好　（3）一般能做到　（4）做不到

五、您的孩子不打架、骂人，不说粗话、脏话，能和周围的人友好相处。（　　）

（1）做得非常好　（2）做得较好　（3）一般能做到　（4）做不到

六、您的孩子有爱心，懂谦让，乐于与他人一起分享快乐。（　　）

（1）一般能做到　（2）做得较好　（3）做得非常好　（4）做不到

七、您的孩子在家能做家务事，自己的事自己动手做。（　　）

（1）做得非常好　（2）做得较好　（3）一般能做到　（4）做不到

八、您的孩子能保持衣服整洁，爱清洁、讲卫生。（　　）

（1）做得非常好　（2）做得较好　（3）一般能做到　（4）做不到

九、您的孩子经常看书读报写作业，有正确的读、写、坐和握笔姿势等。（　）

　　（1）做得非常好　（2）做得较好　（3）一般能做到　（4）做不到

十、您的孩子知道父母、祖父母的生日吗？（　）

　　（1）都知道　　　（2）都不知道　　　（3）知道其中一个或两个

十一、您的孩子了解几个我国传统节日，如春节、清明节、端午节、中秋节、元旦。（　）

　　（1）都了解　　　（2）都不了解　　　（3）只了解其中一个或两个

十二、您的孩子在家里做作业时，您一般都在干什么？

　　（1）在家里陪着不干扰　　　　　（2）在旁边看电视

　　（3）有时在家里打麻将等　　　　（4）一般不在家

十三、您主要关心孩子哪方面的变化？（　）

　　（1）学习成绩　　（2）身心健康　　（3）品德修养

　　根据载体的不同，问卷调查有纸质问卷调查和网络问卷调查两种。纸质问卷调查就是传统的问卷调查，它需要人工分发、回收、分析与统计结果，相对比较麻烦，成本比较高。而网络问卷调查则通过一些在线调查网站开发的小程序，来完成设计问卷、发放问卷和分析结果等一系列工作。这种调查方式不受地域限制，调查面广，成本相对低廉，但答卷质量无法保证。

　　问卷调查完成后，教师还必须做好对相关调查因素的分析与统计工作，梳理与归纳出共性的规律，形成调查报告，为研究方案的设计与研究的实施提供参考依据。

🖪 案例

农村小学生行为习惯现状调查报告
——农村小学生行为习惯现状及其成因分析

一、调查目的

　　为了解当前农村小学生习惯养成的情况，并进行有针对性的良好习惯养成教育，提高农村小学生的思想道德素质，使每名农村小学生都成为有良好思想道德品质和行为习惯的现代小公民，同时为学校全面实施素质教育打好坚实基础，也为我校课题组实施广东省教育科研"十三五"规划2017年度教育科研重点项目"知行统一、三教结合,培养农村小学生良好行为习惯——青少年健康成长教育实践研究"做准备,于2017年6月我们对农村小学生行为习惯养成情况进行了调查。

二、调查对象及方法

本次调查采用问卷调查法。调查的对象为肇庆市封开县杏花镇中心小学、肇庆市封开县南丰镇中心小学北校区、茂名市信宜市第五小学的学生。调查力求从整体上反映当前农村小学生行为习惯养成的现状。本次调查重点为杏花镇中心小学一至六年级的1班和2班以及部分教学点的一些班级,共22个班,860份问卷,回收845份,回收率达98%。南丰镇中心小学发放问卷250份,回收235份,回收率达94%。信宜市第五小学发放问卷145份,回收145份,回收率100%。

三、调查结果分析

1.学生行为习惯现状调查问卷(学生)部分

(1)文明礼仪习惯。

①在与人交往谈话或有客人到来时,杏花镇中小学有60.47%的学生,南丰镇中心小学北校区有64.68%的学生,信宜市第五小学有74.48%的学生能做到礼貌待人,不说脏话,说话文明。

②当家里有好吃的,杏花镇中心小学有25.21%的学生,南丰镇中心小学北校区有31.06%的学生,信宜市第五小学有28.97%的学生主动先请长辈或弟弟妹妹吃;杏花镇中心小学有69.11%的学生,南丰镇中心小学北校区有65.53%的学生,信宜市第五小学有73.79%的学生和大家一起吃。

③针对上学、放学或出去玩时会和家里人打招呼这一问题,杏花镇中心小学有52.19%的学生,南丰镇中心小学北校区有66.81%的学生,信宜市第五小学有74.48%的学生经常打招呼;杏花镇中心小学有5.09%的学生从来不打招呼,这需要引起我们足够的重视。

④和别人交流时是否使用文明礼貌用语。调查显示,杏花镇中心小学有45.56%的学生,南丰镇中心小学北校区有55.32%的学生,信宜市第五小学有45.52%的学生经常会使用"请""谢谢""不客气""对不起"等日常用语。其中,信宜市第五小学有5.52%的学生从来不会使用,这说明仍有相当一部分小学生对文明礼貌用语的重视程度还不够,没有形成自觉的意识。

(2)卫生行为习惯。

①杏花镇中心小学有73.73%的学生,信宜市第五小学有85%的学生讲究

个人卫生，能做到"三勤"（勤洗头、勤洗澡、勤剪指甲）；南丰镇中心小学北校区有68.94%的学生从来不会随地吐痰、扔垃圾；三所学校有86.98%的学生能做到衣袜勤洗换，但仍有11.01%的学生不能做到，这说明部分学生没有养成良好的个人卫生习惯，个人卫生意识不够强烈。

②南丰镇中心小学北校区有27.66%的学生有过随地吐痰、乱扔垃圾的行为，同时，有68.94%的学生从来不会随地吐痰、扔垃圾，这说明一大部分学生缺乏卫生公德意识，在注意卫生的行为上不够积极主动。

③杏花镇中心小学有0.71%学生，南丰镇中心小学北校区有1.28%的学生，信宜市第五小学有2.76%的学生做不到饭前便后洗手，这说明还有少部分小学生的饮食卫生习惯不良。

（3）生活行为习惯。

①调查显示，杏花镇中心小学的学生能够自己的事情完全自己做的有70.77%，自己做一些的有22.96%，能自己收拾玩具、整理自己的房间的有67.81%。这说明进入小学后经过一段时间的锻炼后，大多数学生已由原来的事事依赖家长变为能做一些力所能及的事情了，小学生已具有初步的生活自理习惯。

②杏花镇中心小学有38.34%的学生，南丰镇中心小学北校区有43.83%的学生，信宜市第五小学有55.86%的学生没有零花钱。因此，相当部分学生有节俭的好习惯。其中，杏花镇中心小学有12.9%的学生，信宜市第五小学有28.97%的学生每天的零花钱在2元以上。我们要告诫学生，我们现在用的钱都是家长通过辛勤劳动换来的，任何人都没有资格去浪费、去攀比。

（4）道德行为习惯。

①三所学校的调查数据显示，遇见有困难的人时，29.82%的学生会主动帮助，这种乐于助人的精神值得赞赏。62.01%的同学选择有时会帮助，说明他们也有初步的关心、帮助人的意识，只是这种意识还没有转化为直接的行动，还需日后强化。66.39%的学生积极参加捐款献爱心活动，这说明大部分学生有爱心，乐于助人。总的来说，大部分农村小学生已经具有关心别人、帮助别人的良好品质。

②在遵守交通规则方面，三所学校有74.79%的学生能遵守，但还有2.01%的学生不会遵守，这说明一部分学生交通安全意识淡薄，不懂得珍爱生命，这要求教师在日后还要加强教育。

③在遵守公共秩序方面，三所学校都有少部分学生会在公共场所互相追逐、大声喧哗。

（5）学习行为习惯。

①调查数据显示，杏花镇中心小学只有33.25%的学生，南丰镇中心小学北校区只有35.74%的学生，信宜市第五小学只有28.28%的学生都能自觉主动地做好课前准备，其中杏花镇中心小学有56.09%学生有时会做到，而7.93%的学生则根本不会课前预习、课后复习。这反映出三所学校的小学生大多数没有预习、复习的习惯。

②三所学校的调查数据显示，在课堂上，只有25.21%的学生能做到专心听讲，勤思考、勤发言、勤做笔记，3.79%的学生从没做到。这既需要教师反思自己的课堂教学，力争打造一个气氛宽松、师生关系民主和谐、学习气氛浓厚的课堂，让我们的学生能够积极主动地参与学习。

③三所学校的调查数据显示，27.93%的学生有时能按时完成各科作业，2.49%的学生不能按时完成作业，而是要依靠家长、教师的督促才能完成。同时，杏花镇中心小学只有28.88%的学生，南丰镇中心小学北校区只有46.38%的学生，信宜市第五小学只有40.69%的学生能把作业书写整洁；杏花镇中心小学有4.14%的学生，信宜市第五小学有4.14%的学生作业潦草，使得作业质量不高。这说明农村小学生对作业的重视程度不够，良好的作业书写习惯没养成。

④苏联教育家克鲁普斯卡娅曾经说，童年读的书几乎可以记一辈子，并影响孩子一生的发展。因此，小学阶段培养学生良好的阅读习惯非常重要。学生除学好课本外，应多读有用的课外书。低年级学生应从兴趣入手培养自己的读书习惯。但三所学校的调查数据显示，只有66.27%的学生经常阅读课外书，绝大多数学生只是偶尔阅读；在课外阅读量方面，24.5%的学生一年读10本以上，29.82%的学生一年读1到4本，还有6.98%的学生一年都没有读过1本。这说明农村的学生缺乏课外阅读的习惯，教师要高度重视，想方设法激发学生的阅读兴趣，帮助其养成良好的课外阅读习惯。

2. 学生行为习惯养成调查问卷（家长）部分

（1）关于教育部印发《中小学文明礼仪教育指导纲要》的必要性。

杏花镇中心小学有93.1%的家长认为有必要，南丰镇中心小学北校区有94.86%的学生家长认为有必要，信宜市第五小学有96.16%的学生家长认为有必要。可见，农村家长们对于文明礼貌教育的重要性有一个清醒的认识，有助于孩子养成良好的文明习惯、礼仪习惯。

（2）饮食习惯及餐桌礼仪。

杏花镇中心小学家长认为孩子做得较好的有：帮助家长盛饭，有45.98%的孩子能做到。

做得不好的有：①细嚼慢咽，有67.04%的孩子做不到；②吃饭时不说话，有68.58%的孩子做不到；③定时定量，有71.65%的孩子做不到；④吃菜夹离自己最近的，有84.58%的孩子做不到；⑤吃时不持筷子指指点点，不在菜盘里扒来扒去，有80.46%的孩子做不到；⑥不边走边吃，有76.24%的孩子做不到；⑦吃饭先请长辈坐，有82.38%的孩子做不到；⑧不挑食偏食，有82.76%的孩子做不到；⑨把盛在碗里的饭全吃掉的，有77.01%的孩子做不到；⑩少吃或不吃零食，有87.76%的孩子做不到；⑪打喷嚏和咳嗽时，用餐巾或手帕掩着嘴，把头远离餐桌的，有83.52%的孩子做不到。

南丰镇中心小学北校区家长认为孩子做得较好的有：定时定量，有45.59%的孩子能做到。

做得不好的有：①细嚼慢咽，有64.7%的孩子做不到；②不边走边吃，有64.72%的孩子做不到；③帮助家长盛饭，有60.38%的孩子做不到；④把盛在碗里的饭全吃掉，有60.3%的孩子做不到；⑤吃饭时不说话，有77.94%的孩子做不到；⑥吃菜夹离自己最近的菜盘里的，有77.94%的孩子做不到；⑦吃时不持筷子指指点点，不在菜盘里扒来扒去，有71.32%的孩子做不到；⑧吃饭先请长辈坐，有79.41%的孩子做不到；⑨不挑食偏食，有75%的孩子做不到；⑩少吃或不吃零食，有88.24%的孩子做不到；⑪打喷嚏和咳嗽时，用餐巾或手帕掩着嘴，把头远离餐桌的，有30.15%的孩子做不到。

信宜第五小学家长认为孩子做得较好的有：①定时定量，有46.15%的孩子能做到；②细嚼慢咽，有57.69%的孩子能做到；③吃时不持筷子指指点点，不在菜盘里扒来扒去，有44.23%的孩子能做到；④帮助家长盛饭，有48.08%的孩子能做到；⑤打喷嚏和咳嗽时，用餐巾或手帕掩着嘴，把头远离餐桌的，有48.08%的孩子能做到。

做得不好的有：①吃饭时不说话，有69.24%的孩子做不到；②吃菜夹离自己最近的，有63.47%的孩子做不到；③不边走边吃，有63.46%的孩子做不到；③吃饭先请长辈坐，等长辈动筷才动筷，有69.24%的孩子做不到；

⑤不挑食偏食，有 73.07% 的孩子做不到；⑥把盛在碗里的饭全吃掉，有 69.23% 的孩子做不到；⑦少吃或不吃零食，有 71.15% 的孩子做不到。

由此可见，三所学校的小学生良好的饮食习惯和餐桌礼仪亟须培养。

（3）尊老爱幼和日常行为规范。

杏花镇中心小学家长认为孩子做得较好的有：①尊敬父母长辈，有 59.78% 的孩子能做到；②与同学和睦相处，有 55.56% 的孩子能做到。

做得不好的是：①关心弱小，有 69.59% 的孩子做不到；②遵守秩序，有 69.35% 的孩子做不到；③遵守公共交通规则，不闯红灯，有 67.43% 的孩子做不到；④电视频道家长选，有 84.68% 的孩子做不到；⑤进他人房间先敲门，离开时道声别，有 84.29% 的孩子做不到；⑥家长谈话不插嘴，有 67.01% 的孩子做不到。

南丰镇中心小学北校区家长认为孩子做得较好的有：①尊敬父母长辈，有 62.5% 的孩子能做到；②与同学和睦相处，有 57.35% 的孩子能做到。

做得不好的有：①关心弱小，有 62.51% 的孩子做不到；②遵守秩序，有 61.03% 的孩子做不到；③遵守公共交通规则，不闯红灯，有 59.54% 的孩子做不到；④电视频道家长选，有 84.56% 的孩子做不到；⑤进他人房间先敲门，离开时道声别，有 71.86% 的孩子做不到；⑥家长谈话不插嘴，有 61.76% 的孩子做不到。

信宜市第五小学家长认为孩子做得较好的有：①尊敬父母长辈，有 71.15% 的孩子能做到；②关心弱小，有 56.23% 的孩子能做到；③与同学和睦相处，有 55.77% 的孩子能做到；④遵守秩序，有 50% 的孩子能做到；⑤遵守公共交通规则，不闯红灯，有 69.23% 的孩子能做到。

做得不好的是：①电视频道家长选，有 80.77% 的孩子做不到；②进他人房间先敲门，离开时道声别，有 61.54% 的孩子做不到；③家长谈话不插嘴，有 59.61% 的孩子做不到。

在尊老爱幼和日常行为规范方面，相对来说信宜市第五小学的学生做得较好，但仍需加强教育。

（4）文明待客。

对于"您的孩子见到客人会主动问好，会使用礼貌用语。"这个问题，家长认为孩子一般能做到的，杏花镇中心小学占 61.69%，南丰镇中心小学北校区占 44.12%，信宜市第五小学占 28.85%；家长认为孩子做得较好的，杏花镇中心小学占 25.29%，南丰镇中心小学北校区占 33.82%，信宜市第五小学占 42.31%；家长认为孩子做得非常好的，杏花镇中心小学占 12.26%，南丰镇中心小学北校区占 11.03%，信宜市第五小学占 25.00%；家长认为孩子根本做不到的，杏花镇中心小学占 13.80%，南丰镇中心小学北校区占 5.88%，信宜市第五小学占 0.74%。说明农村小学生的文明礼貌教育仍需加强。

（5）与人相处、家务劳动、个人卫生、阅读、作业书写的表现。

对于"您的孩子不打架、骂人，不说粗话、脏话，能和周围的人友好相处；您的孩子有爱心，懂谦让，乐于与他人一起分享快乐；您的孩子在家能做家务事，自己的事自己动手做；您的孩子能保持衣服整洁，爱清洁、讲卫生；您的孩子经常看书读报写作业，有正确的读、写、坐和握笔姿势"这五个问题的调查，调查数据显示，农村小学生在与人交往、家务劳动、个人卫生、阅读、作业书写等方面的习惯不容乐观，具体体现在：

对于以上五个问题杏花镇中心小学的家长认为：①做得非常好的比例分别占 13.03%、10.73%、19.16%、19.92%、10.73%；②做得较好的比例分别占 35.63%、37.55%、29.12%、35.25%、26.44%；③一般能做到的比例分别占 43.30%、49.05%、39.85%、37.16%、41.76%；④做不到的比例分别占 8.43%、8.43%、12.27%、7.66%、20.31%。

南丰镇中心小学北校区的家长认为：①做得非常好的比例分别占 15.44%、8.82%、11.03%、17.65%、9.56%；②做得较好的比例分别占 36.76%、38.24%、29.41%、40.44%、27.21%；③一般能做到的比例分别占 33.09%、46.32%、46.32%、32.35%、36.03%；④做不到的比例分别占 4.41%、2.21%、11.03%、10.29%、22.80%。

信宜市第五小学的家长认为：①做得非常好的比例分别占 17.31%、23.08%、32.69%、30.77%、23.08%；②做得较好的比例分别占 51.92%、38.46%、34.62%、40.38%、42.31%；③一般能做到的比例分别占 22.92%、36.54%、34.62%、26.92%、30.77%；④做不到的比例分别占 3.85%、3.85%、1.92%、0%、3.85%。

（6）感恩、敬老。

对于"您的孩子知道父母、祖父母的生日吗？"这个问题，家长认为孩子都知道的，杏花镇中心小学有 16.86%，南丰镇中心小学北校区有 13.24%，信宜市第五小学有 32.69%；都不知道的，杏花镇中心小学有 40.61%，南丰镇中心小学北校区有 36.03%，信宜市第五小学有 23.08%；知道其中一个或两个的：杏花镇中心小学有 37.55%，南丰镇中心小学北校区有 47.06%，信宜市第五小学有 46.15%。这说明农村小学生的感恩、敬老品质与习惯教育需加强。

（7）对传统文化的了解。

对于我国传统节日，如春节、清明节、端午节、中秋节、元旦等是否了解，杏花镇中心小学有 40.23% 的孩子都了解，南丰镇中心小学北校区有 52.21% 的孩子都了解，信宜市第五小学有 92.31% 的孩子都了解；都不了解的，杏花镇中心小学有 9.96%，南丰镇中心小学北校区有 5.88%，信宜市第五小学有 1.92%；只了解其中一个或两个的，杏花镇中心小学有 48.66%，南丰镇中心小学北校区有 34.56%，信宜市第五小学有 3.81%。这说明农村小学生对中华传统文化了解不够，没能从中华优秀传统文化中汲取养料，不利于尊老爱幼、爱国爱家等传统美德的养成。

（8）家庭学习环境。

对于"您的孩子在家里做作业时，您一般都在干什么？"的问题，家长都在家里陪着不干扰的，杏花镇中心小学有 41.76%，南丰镇中心小学北校区有 51.47%，信宜市第五小学有 26.35%；在旁边看电视的，杏花镇中心小学有 16.48%，南丰镇中心小学北校区有 15.44%，信宜市第五小学有 13.46%；有时在家里打麻将等的，杏花镇中心小学有 2.30，南丰镇中心小学北校区有 2.94，信宜市第五小学有 3.85%；一般不在家的，杏花镇中心小学有 14.94%，南丰镇中心小学北校区有 21.32%，信宜市第五小学有 9.62%。这反映出农村的家长对子女的学习不够关心，也没有为孩子的学习提供一个清静的家庭环境。

（9）对于智育与德育的认识。

对于"您主要关心孩子哪方面的变化？"这个问题，家长只关心孩子学习成绩的，杏花镇中心小学有 33.33%，南丰镇中心小学北校区有 53.68%，信宜市第五小学有 25.00%；只关心孩子身心健康的，杏花镇中心小学有 58.62%，南丰中心小学北校区有 57.35%，信宜市第五小学有 38.46%；只关心孩子品德修养的，杏花镇中心小学有 25.29%，南丰镇中心小学北校区有 44.12%，信宜市第五小学有 53.85%。调查数据显示，在培养孩子方面，农村的家长多数希望孩子身体健康就足够了，而对培养孩子的文化学习与思想修养、道德习惯的认识不到位，甚至认为智育要优先于德育。

四、问题及现象产生的根源

通过调查分析发现，造成农村小学生行为习惯不良的主要原因有如下几个方面。

1. 家庭原因

（1）父母长期在外，不在孩子的身边，很多孩子都是由爷爷、奶奶、外公、外婆甚至亲戚朋友带，长期形成的隔代教育使得很多孩子思想偏激，行为孤僻，很多坏习惯难以矫正。

（2）家长在部分行为习惯上没有起到真正的示范作用。很多家长受教育程度有限，文化水平不高，对孩子的教育漠不关心，且重智育轻德育的思想严重。家长平时在教育孩子的时候不注重方式方法，有的家长不是拳打就是脚踢，或是一顿臭骂，喜欢采用粗暴的方法。孩子长期在这样的家庭教育模式下，性格也受到了影响，其良好的行为习惯自然难以养成。

2. 学校原因

（1）受应试教育的影响，很多学校更多的是注重学生的文化成绩，轻德育，应试教育在学生的心中也占据了一席之地。传统的行为习惯在学校、教师、学生心中已经淡化。

（2）行为习惯教育没有形成一套完整的方案。学校、教师对学生行为习惯方面的教育大多数只是点到为止，没有一套完整的计划，没有做针对性的训练，更缺少对学生言行的监督，没有形成一个良好行为习惯教育的大环境。

3. 社会风气的不良影响

和谐健康的外部环境对于学生来说至关重要，古语云："学坏三天，学好三年。"不良影视作品、书籍、网络无疑对自控力差的少年儿童产生诱惑和影响，致使学生养成许多不良习惯。

五、解决问题的对策和建议

1. 常规教育，点滴做起

要想使学生养成良好的习惯，全校教师要一起从学习习惯、品德行为习惯、生活习惯和健体习惯等方面落实，先让学生了解良好行为习惯的相关知识、具体包含哪些方面。学生不仅要对所学知识做到心中有数，还要做到熟记于心。

学校将通过国旗下讲话、红领巾广播、黑板报展示等形式对良好行为习惯的相关知识进行宣传。各班以班队活动、晨会活动组织学生学习《中小学生守则》《小学生礼仪常规》，也可以通过各班班训设计评比、开展主题班会的形式，让学生认识到好习惯带来的益处，提高学生养成好习惯的自觉性，树立培养良好行为习惯的意识。同时，各班还可以创建特有的口号，如"关注自己的一言一行，创建你我的美好家园""让健康与我们相随、让安全与我们相伴、让文明与我们相拥""安全——唱响生命之歌、文明——点燃心灵之窗"。

2. 示范引领，榜样激励

首先，教师、家长要以良好的言行为学生做出榜样，以良好的教风、校风、家风熏陶学生。其次，学校要根据学生不同的兴趣与特长定期开展学生标兵评选活动，如评选"艺术标兵""节约标兵""礼仪之星""卫生标兵""学习标兵""学雷锋标兵"等，让学生在各方面的行为规范中都学有榜样。

3. 持久训练，经常督促

从某种角度上说，小学生的非智因素还不稳定，具有反复性。所以对于他们的习惯养成需要进一步改进、强化，如"您好、再见、谢谢"等礼貌用语的使用，对于文明就餐秩序、勤俭节约以及爱护公物、讲究卫生等行为要常抓不懈，反复抓，抓反复，激发学生形成良好习惯的愿望。在这个环节中，学校可组织养成教育的相关知识问答比赛，巩固学生的理论知识。另外，教师创设情境，进行现场模拟，通过反复模拟，反复训练，使行为习惯内化为学生自身需要，真正使学生形成稳定的习惯。

4. 三教结合，刻不容缓

培养学生的良好行为习惯并不是教师一个人的事，社会、学校、家庭也是儿童生存、学习、成长的环境。家庭教育要从落实家庭教育常规入手，从家长自身做起，如对长辈有礼貌，养成按时学习的习惯以及生活、劳动习惯。通过"家长学校"，创建学习型家庭，不断提高家长的综合素质，创造和谐的家庭教育氛围，让学生做到在校、在家、在社会一个样，促进学生行为习惯的内化，养成良好的道德品质，提高教育实效。学校作为专门的教育机构，要有明确的教育目的，对学生的习惯教育起主导作用。家庭是儿童教育的第一课堂，同时也具有先入性、基础性；家庭教育以言传身教、情境影响为主，更具有感染性和潜移默化的优势，在儿童的教育中起重要的作用。而社会则是通过新闻传媒、社会风尚、意识形态、人际交往等各种形式，对青少年的行为实施多渠道、多方位、多层次、多形式的影响，在儿童的成长过程起着全面的影响作用。因此，帮助学生养成良好的行为习惯，需要学校、家庭社会的共同努力、紧密配合。教师要起到纽带作用，做好家访工作，适时地进行调查、反馈，争取达到教育思想、教育目的一致性。只有这样，才可能使学生养成良好的行为习惯。

总而言之，良好行为习惯的形成并非一朝一夕之功，它需要学生长期努力，需要老师不断地督促引导。作为教师，我们要用远大的目光、宽容的态度、科学的方法来培育每一棵幼苗。只要我们付出辛勤的劳动，就算他们不会长成参天大树，也一定会成长为对国家、社会有用的良材。

4. 课题论证

为了保证课题研究的质量，经过查阅、分析文献资料，确定研究的课题后，我们应尽可能与有经验的同行进行探讨交流，征求意见，最好能邀请一些专家学者对所选课题及研究的初步设想进行评议。课题通过论证，一是可以确定此课题有无研究的意义，有无应用与推广的价值，有无学术参考和创新价值，研究人员有无开展该课题研究的理论水平和能力，文献的搜集与积累是否充分，对研究的重难点有无突破的可能，研究过程的预设、总体目标和阶段目标的设计是否合理，研究所采用的方法是否科学，研究的预期成果有无可能实现，研究所需的客观条件，如场地、设备设施、研究经费等是否得到保障，等等；二是为制订出完善的研究方案提供具体的参考依据，同时使整个研究方向更加明确，前期的各项准备工作更加充分。

对于重大的课题一般都要进行两次论证，除了立项论证外，往往还须开题论证。

5. 设计方案

课题的研究方案就是研究人员在开展课题研究过程中的一个具体化、系统化、完善化的行动指南，明确地回答了"研什么""为何研"和"怎样研"的问题。对于研究人员来说，只要一案在手，他就有了明确的研究目的和方向，以及清晰、可行的研究思路，就可以使整个研究过程有序、科学。一般来说，课题的研究方案都是在课题论证的基础上，对整个过程进行全面的规划，对研究的各个阶段、各项主要工作任务和人员分工都进行合理、详细的安排，是研究人员如何进行研究的具体计划，是课题能高质量完成的重要保证。它不但可以帮研究人员在研究过程中对照研究方案掌握研究进度，检视阶段研究成果，从而保证研究按时、保质地完成，而且可以为课题的管理部门对课题研究工作的检查与管理提供依据。有人说，制订出具体、可行的研究方案，就等于完成了一半的课题研究。

由于课题研究方案是研究人员的行动指南，有学者认为，一个好的课题研究方案要体现以下五个特征：

（1）客观性，即研究的内容、研究的目标任务是研究人员自身条件（如研究水平、科研能力等）力所能及的，研究场所、设备、设施、时间、经费等是有所保障的等，只有符合实际的研究方案，才能切实可行。

（2）科学性，即制订的研究方案符合立德树人的教育方针和要求，使用的研究方法和手段科学、合理，遵循研究对象的身心发展规律。

（3）指导性，即研究方案对研究人员的研究工作有指导作用，无论是研究的内容、研究的方法，还是研究的步骤、时间的安排等，都能使每个研究人员做到心中有数。

（4）具体性，即研究方案的每一个内容必须做到明确具体，且一目了然。

（5）参与性，即参与制订研究方案的人员要广泛，不但课题成员都要参与，各抒己见，发挥大家的积极性，集中大家的智慧，而且还要邀请专家、学者参加，为我们指点迷津，从而保证方案的质量。

课题研究方案通常包含以下几个部分：

（1）课题名称。课题名称要注意凝练，做到简单明了，能反映研究的范围、研究的问题和研究的方法，如"农村小学生行为习惯的现状与对策"。有时候为了更充分地表现研究的主要内容，可以在题目后面加上副标题，如"农村小学信息化教学方法研究——微课辅助教学的研究"。

（2）研究的背景及问题的提出（背景、意义、现状、文献、价值）。这部分内容主要是对课题基于什么样的背景（国家和地方政策的出台，学校的教育改革、个人的教学实践遇到什么困惑等）而提出来的，这个课题的研究概况（过去和当前，国内外在本课题方面的研究状况，包括研究水平、进展和成效，还存在哪些不足或尚未解决的问题等）如何，研究的目的、意义和价值（解决教育教学实际问题等）何在，等等，进行详细的分析。

（3）研究的理论依据。这部分介绍本课题研究所根据的理论支撑，包括教育学、心理学有关理论和论著，教育文献，名人观点，等等。

（4）课题研究的对象。课题研究的对象包括研究的对象、研究的范围和对关键概念的界定等。每一项科学研究都有其明确的研究对象，对于同一项课题研究，如果研究对象不同，其得到的结论也不一定相同。

（5）研究的具体内容。内容包括研究的目标、重点、难点和子课题等。一般来说，研究的问题越细越有利于把握研究过程，降低研究的难度，宜将研究的一个大课题（问题）分解成若干个小课题（小问题）来分步或同步进行。例如，我们可以把"农村小学生良好行为习惯有效养成研究"这项研究分解为以下四个子课题进行研究：

①农村小学生行为习惯的现状。

②农村小学生不良行为习惯的成因。

③预防与干预农村小学生不良行为的策略。

④促使农村小学生养成良好行为习惯的方法。

（6）研究的方法。研究方法是课题研究方案的核心内容之一。正确的研究方法不仅要以课题研究科学化为基础，而且要使课题研究收到事半功倍的效果。常用的研究方法有问卷调查法、实践研究法、文献研究法、经验总结法、个案研究法、历史研究法……究竟采用哪种或哪几种方法进行研究必须根据研究的内容、目标和对象来选择最适合课题研究的开展、最方便研究资料的获取、最容易研究成果的取得的研究方法。在研究过程中，研究方法的运用不应该是单一的，而应该是动态的、多元的。

（7）研究的步骤和计划。在设计课题研究方案时，我们要具体阐述研究的整个过程分几个阶段实施，如何实施，第一阶段做什么，第二阶段做什么，每个阶段的研究有什么要求，预期完成什么目标，争取什么成果，需要多少时间，等等，这些都要在研究方案中做具体反映，使全体研究人员做到心中有数，从而保证课题研究能按时、保质完成。为了保证研究的质量，对各个阶段时间的安排尽可能做到估计准确，并留有多余时间。

（8）研究的措施。措施包括成立机构，加强领导；建立制度，规范研究，理论学习，研学结合；聘请顾问，保驾护航；研讨交流，总结表彰等。

（9）预期的成果。这里主要是对课题研究结束后所取得的成果和成果的呈现方式作预设性的简单陈述。课题如果是一个大课题，既要有总课题的成果，又要有各子课题的成果，而一般的研究课题也可以只有阶段性成果和最终成果。常见且容易被推广的课题成果有研究报告、论文、教学设计、活动设计、教具设计等。

（10）组织机构。组织机构主要是交代有哪些课题组成员及其在研究工作中的分工。由于课题组成员是课题研究的组织者和实施者，因此每人都必须有某一方面的研究任务，任务应与他的专业水平、研究能力相适应。这样既有利于增强课题研究成员的责任感，又有利于研究方案的落实。

（11）经费预算及条件保障。经费预算一般包括课题研究所需图书报刊的订阅费、文印费、实验费、差旅费、调研费、成果出版费、仪器设备购置费等。在研究方案中除了对各项开支列一个详细、合理的预算清单外，我们还要把前期所做的准备工作、现有的研究条件和单位的重视与支持情况做简要说明，以增加研究方案的可行性和可信度。

（12）评价方法。评价方法指简单交代对课题研究的成果（效果）所采用的评价方式，如师生评价、社会评价、群众评价、专家鉴定等。

案例

"乡村振兴背景下山区学校特色建设研究"工作方案

一、课题研究的背景

（一）乡村振兴战略的实施

党的十九大作出中国特色社会主义进入新时代的科学论断，为顺应亿万农民对美好生活的向往，提出实施乡村振兴战略的重大历史任务，科学有序推动乡村产业、人才、文化、生态和组织振兴，并明确优先发展农村教育事业：统筹规划布局农村基础教育学校，提升乡村教育质量，保障学生就近享有有质量的教育。经过几年的实施，山区学校在推进义务教育公办学校标准化建设，全面改善贫困地区义务教育薄弱学校的基本办学条件，加强寄宿制学校建设，实现县域校际资源均衡配置上都取得了很大的成就。但相对来说，山区学校教育的投入仍旧不足，农村学校的内涵发展仍很滞后。农村学校要生存，要满足学生、家长多样化的教育需求，要应对经济社会发展要求，要传承办学历史文化、实现自我发展，只能走特色发展之路。

（二）农村学校缺乏理念引领

没有特色就没有吸引力和竞争力。中国特色社会主义促进了中国经济、科技的高速发展，使得中国日益强大，放之于教育亦准。彰显学校特色是时代变革的呼唤。我们处在经济全球化、社会信息化、文化多元化的时代，改革开放的深化需要教育提供多层次、多规格的人才，而"千校一貌、万生一面"的培养模式显然不能适应经济社会发展的要求。国家的中长期教育改革和发展规划纲要也明确提出鼓励学校办出特色、办出水平，提倡义务教育学校在达到基本标准的同时发展内涵。因而，建设特色学校、创建学校品牌，是教育内涵发展、办人民满意教育的重要内容，是实现教育现代化的必然选择，是学校管理者不可推卸的责任和钻研的一大课题。但众多山区农村学校，由于缺乏必要的引领，不少学校在创建特色学校过程中无从入手，或盲目跟风，急功近利，结果东施效颦，内涵不足，加上基础建设、设备设施的配备等还较薄弱，师资队伍结构性缺编、老龄化严重、专业水平亟须提高，这些都制约了学校的内涵发展、教育质量的提升。

（三）学员来自山区县

本工作室的六位学员均来自粤西北山区县的封开、怀集的街道、城乡接合部和乡镇小学，都有志于推动本校和带动其他农村学校的特色建设，促进学校的内涵发展。

二、课题研究的价值与意义

（一）实用性

山区农村创建特色学校是办学多样化和个性化的体现，可以摆脱千校一面的模式，改变在新课程改革中东一榔头西一棒槌，你看我我看你，无章法无系统的局面，是现代学校内涵发展的重要方面，是激发活力、增强效益、提高水平的有力举措。

（二）实践性

创建特色学校是务实性的教育行为，对于促进山区农村学校走出片面追求升学率的误区，全面提高学生的综合素质，具有极大的现实意义。创建特色学校既是智慧的结晶，又是创新能力的反映，更是综合实力的体现。一所学校、一个地方的教育特色，既是历史的积累、传统的筛选，又是在当前教育发展中精心策划和维护打造的独特教育品牌。

（三）效益性

无论办学质量和水平处于哪个层面的学校，其特色建设力度越大，整体办学水平提高就越快；特色越明显的学校，其社会关注程度就越高，办学业绩就越好。创建特色是学校谋求跨越发展的有效助跑器。学校在办学过程中难免会遇到各种困难、存在各种问题，如果能够摒弃唯条件论的思想，拓宽思路，充分挖掘自身潜在的优势，努力以特色提升教学质量，以特色打造学校品牌，就能使学校"绝处逢生"，焕发无限生机，从此进入发展的快车道。

三、研究的现状概述

彰显特色是各国教育的发展趋势。特色学校不是中国的专利，而是国际性的话题。20世纪80年代以来，各国基础教育都在为培养21世纪的创新人才进行探索，开始了办学特色的研究和实践。无论哪个国家都很重视创建办学特色，总是以是否有鲜明特色作为评价一所学校的主要标准。美国《新闻周刊》曾经对全世界的学校做过大规模的调查，最后评出10所最好的学校（含一个教育行政部门）。

这10所学校每一所学校都有各自的特色。新西兰特卡波湖学校的教育特色是注重对学生阅读能力的培养；意大利迪亚纳学校的成功之处在于学前教育效果特别显著；荷兰格雷达莫斯学校的特色是数学教学出类拔萃；日本东京四谷第六小学的特色在于科学教育强调创造性；荷兰埃克纳顿学校的成功之处在于外语教学方面；美国匹兹堡市威斯汀霍斯中学的成功之处是在实施"艺术推动"计划中取得了巨大成功；德国安克库敦考勒中学的特色之一就是崇尚工艺；美国加利福尼亚理工学院的成功之处是在造就科研精英方面颇有建树；瑞典斯德哥尔摩职业培训中心的成功之处是为学生就业创造条件；德国科隆地区教育部的特色是十分重视对教师的严格挑选与培训，并大力提高教师的待遇。

此外，美国的磁石学校、蓝带学校、特许学校也很有特色。

随着教育改革的不断深入、素质教育的全面推进，办出学校特色已经成为我国中小学改革与发展的必然趋势。不少学校充分发挥本校的优势，选准突破口，以点带面，逐步形成自己的特色，促进了学校教育质量、学生素质的全面提高，以及学生个性的培养与发展。例如：

江苏南京浦口区五里行知小学学习陶行知先生"捧着一颗心来，不带半根草去"的精神，实践他的"生活教育"理论，革除旧习，以培养合理人生为教育宗旨，把"教学做合一"的思想融于教育活动的每一个环节，创造了鲜明的主体教育的时代特色。

安徽铜都双语学校的"五环大课堂、五环课道、五环学道"的教学很有特色。

合肥八一学校是全国唯一采用军校管理模式的学校。

北京华夏女子中学的学校特色是"现代女性修养、人文基础、科技探究、艺术体育"四大类女性特色课程体系。

广东实验中学以体育、艺术、科技教育为特色，深入实施素质教育，大力培养拔尖创新人才。

广州市越秀区执信中学的"人文熏陶，内涵深厚""元培计划"课程等也颇具特色。

广州市越秀区大南路小学的"粤彩教育"是学校的发展理念与广府"多元、包容、务实、创新"根文化及学校实际、区域特色充分融合的结晶。该校结合"以人的发展为本"的科学发展观，形成"尊重与包容，给每一名学生燃亮成功自信之光彩；传承与创新，让每一名学生具有广府印记之神采"的"粤彩教育"育人愿景。其文化意蕴以粤文化为根，以彩为径，通过七彩课程开设、五彩课堂构建、亮彩活动开展，培育神采学生和出彩教师，最终让学校的发展更有个性，让学校的特色更鲜明，让课程发展更有特色，让文化建设更有品质，让教师发展更出彩，从而让每一名学生都独具神采。

广州市番禺区钟村镇育英小学为了让学校走得更稳更远，结合学校的实际发展需求，对学校文化进行重新梳理，并提出"涵养雅致，作育英才"的办学理念，主张以课程、课堂、德育、师资、管理、环境作为六大抓手，认真落实"雅致教育"的文化理念，培养出具备雅心雅品、雅言雅行、雅情雅趣的雅致少年，形成育英小学独特的学校文化：开发独具特色的"雅致课堂"，构建"234雅致课堂教学模式"，开展丰富多彩的"雅致德育活动"，打造一批厚生乐教的"雅致之师"，实施精细化、人文化的"雅致管理"，打造高雅别致的"雅致环境"。

珠海市金洲小学利用海洋资源建设海洋文化特色学校：依托海洋文化，提炼"海洋精神"核心价值观；依托海洋文化，建构"南粤海派"校园环境文化；依托海洋文化，创建"一班一特色"的班级海洋文化；开展"知海、亲海、学海"德育主题活动；开发海洋文化特色校本课程。

佛山市南海区华南师范大学附属小学恒大南海学校通过建设君子校园文化、打造君子教育团队、开发君子课程、促进学生个性发展等策略，开展君子教育。

佛山市南海区石门实验学校以"扬长教育"为办学特色，构建生态文化环境，打造扬长教育课堂，关注学生学习效能，促进学生的全面发展。

佛山市南海区南海实验小学在宽教育理念的引领下，构建宽课堂，奠定学生宽厚基础；追求宽教育，推进教育融合创新；创新宽教育，引领学生厚

德雅行；发展宽师资，实现教师组团成长；营造宽文化，夯实学校教育底蕴；实施宽管理，构建人本管理常态。

佛山市南海区西樵镇民乐小学引进黄飞鸿狮艺武术，建设"飞鸿校园"，夯实"飞鸿文化"根基；构建飞鸿课程体系，培育"飞鸿之师"，促进学校特色发展。

东莞市莞城中心小学以"铸品牌，创名校"为思路，构建"悦纳教育"九大发展工程："榕树"课程、"资福"德育、"教师品牌发展"、立体教研、立体评价、节文化活动、科组品牌建设、"三安"课堂、家校共建。

此外，武威市凉州区张义镇中路九年制学校的赵海云老师认为，创建山区特色学校，要从五个层面出发：①以领导建设为起点，开拓管理者的眼界和思路；②以教学科研建设为基础，提升教育教学质量；③以信息化教师队伍建设为抓手，提高教师专业水平；④以硬件建设为依托，改善学校的办学条件；⑤以校园文化建设为载体，营造良好的育人氛围。

重庆市城口县咸宜镇中心小学的邱常培在《创山区办学特色，圆梦孩子上好学校》一文中提到，墨香书法特色教育的实施，让学校得到了迅猛发展，让山区的留守孩子提高了自信，发展了特长，使他们的行为发生了质的变化，让他们看到了走出大山的希望。

广东省高州二中的黄庆辉老师则认为，抓素质教育办特色学校，不能单追求特色而抓特色。在办学中，要充分体会、利用各项素质目标的内在联系，使其更好地相互促进，更加充分地发展素质教育，如科学素质教育与人的能力素质教育是密不可分、互相促进的。

兴城市旧门满族乡九年一贯制学校的王志昌等四位老师指出，开发利用山区红色资源、褐色资源、橙色资源，引导学生参加各种德育实践活动，让学生通过自己的亲自体验获得感悟，形成内化，培养他们良好的道德品质和人格力量，打开德育工作的新思路，开创德育工作的新局面。

……

大量成功经验表明，学校创建特色是增强学校活力，提高教育质量，促进学生全面发展的重要途径和举措。其创建的路径或从办学理念创新，或从课程开发、课堂教学模式、德育活动设计、学校管理改革、学校环境文化等去培育学校的特色文化。

虽然以上的经验大多是城里学校的经验，山区学校的特色创建经验少见

（在知网上输入"山区特色学校创建"进行检索，结果显示近五年发文仅有2篇），但对于本课题的研究仍具有极大的参考价值。本课题将吸收上述学校的创建经验，结合山区学校尤其是学员学校的实际情况进行研究。

四、研究的理论依据

（一）教育文献要求

《国家中长期教育改革和发展规划纲要（2010—2020年）》指出：把提高质量作为教育改革发展的核心任务。树立科学的质量观，把促进人的全面发展、适应社会需要作为衡量教育质量的根本标准。树立以提高质量为核心的教育发展观。

（二）建构主义理论

建构主义是一种认知理论，其教育理论的核心可以概括为一句话：以学生为中心，强调学生对知识的主动探索、主动发现和对所学知识意义的主动建构。它提倡在教师的指导下，以学习者为中心的学习，认为教师的教学是"为了每一名学生的发展"。因此，学校的内涵发展须以特色办学为抓手，努力促进每一名学生的健康成长。

（三）多元智能理论

美国心理学家霍华德·加德纳的多元智能理论认为，传统的学校一直只强调学生在逻辑—数学和语文（主要是读和写）两方面的发展，但这并不是人类智能的全部。不同的人会有不同的智能组合，如建筑师及雕塑家的空间感（空间智能）比较强，运动员和芭蕾舞演员的体力（肢体运作智能）较强，公关人员的人际智能较强，作家的内省智能较强等。弘扬个性特长就是尊重学生差异，建设特色学校，打造学校品牌，也是对多元智力理论的具体实践。

五、课题的核心概念与界定

特色学校应当是在长期的办学实践中形成的具有独特的整体风貌和显著育人效益的学校。一方面，它全面贯彻党的教育方针，全面实施素质教育，教育教学质量高，办学行为规范；但它又具有鲜明个性的办学模式和教育理念，也就是说它在培养目标、课程开发、师资建设、学校管理、校园文化、教学设施等方面既实现规范办学，又具有区别于一般学校的独特个性。"学校特色≠特色学校"。学校特色发展为特色学校，是一个由局部向整体推进的过程。特色学校应是把特色渗透到学校工作的各个方面，体现出独特的整体风貌。

六、研究的基本内容、拟达到的目标

（一）研究的内容

（1）如何做好校史的传承与发展，规划凝心聚力的愿景文化，寻找构建学校发展的特色文化策略。

（2）如何利用山区学校现有优势，寻找一个或几个合适的支点，撬动学校特色品牌建设。

①山区学校如何培育德育特色。

②山区学校如何培育教学特色、课程特色。

③山区学校如何培育管理特色。

（二）拟达到的目标

（1）通过研究与实践，探索出山区学校创建特色学校的路径与方法。

（2）通过研究与实践，促进工作室主持人、学员以及所在学校、师生的发展。

七、研究的思路与方法

本课题采用"诊断—实践—反思—重构—实践—总结"这一研究思路，坚持理论研究与实践探索相结合的方式，以行动研究法为主，立足主持人、学员所在学校，诊断优劣，找出阻碍其特色办学和发展的主要问题和不足，并制订改进的具体实施方案，在此基础上，分"特色项目—学校特色—特色学校"三个阶段逐步推进。

（一）立足学校

本课题立足主持人和学员所在的学校，既方便深入学校实际调查研究，又方便以学校为基地，进一步研究家庭和社会社区对学校办学特色形成的作用。

（二）从点到面

本课题从点到面，研究思路具体有效，拟从学校诊断出发，认真分析和总结学校的优劣势，找出阻碍其特色形成和内涵发展的主要问题和不足，并制订改进实施方案，通过具体的实践来培育学校特色。

（三）阶梯推进

本课题研究过程采用螺旋式上升的方式，分"特色项目—学校特色—特色学校"三个阶段梯次推进。初级阶段—特色项目，即学校形成单项特色；中级阶段—学校特色，即学校经过单项特色的拓展，形成鲜明的办学风格；高级阶段——特色学校，即学校将鲜明的办学风格拓展成与众不同的办学个性，形成整体性特色。

八、课题研究的步骤

课题准备阶段（2021年9月—2021年12月）：确定项目，制订方案，申报课题。

课题研究阶段（2022年1月—2023年7月）：实施研究，积淀凝练，形成经验。

课题结题阶段（2023年8月—2023年12月）：总结验收，经验推广，结题评估。

九、研究预期的成果

研究预期的成果有研究方案、研究报告、论文或论著。

十、课题组成员及分工

原则上分工合作，研究方案由集体研讨决定，子课题由各成员负责主持实施。

组长：植校东

成员：沈玉琴、伍尚泉、植忠伟、丘永强、苏永杰、麦宝华、苏万莲、伍沛初

具体分工如下。

植校东：负责本课题的设计、研究过程的组织与管理。

沈玉琴：负责研究方案、阶段计划与总结、研究报告的撰写，档案资料的收集与管理。

伍尚泉：负责实施子课题"中草药文化教育进校园的实践研究"。

植忠伟：负责实施子课题"红色文化教育与小学语文教学相融合的策略研究"。

苏万莲：负责实施子课题"基于课堂教学的'海量深阅读'学习方式的研究"。

苏永杰：负责实施子课题"小学数学课堂小组合作探究任务的设计"。

麦宝华：负责实施子课题"基于发展学生核心素养的小学数学小组合作学习有效性的研究"。

丘永强：负责实施子课题"武术文化进校园的探索与实践"。

2021年12月20日

二、实施阶段

实施阶段主要做好三项工作：申请立项、开题报告、实施研究。

1. 申请立项

研究者在课题研究方案制订完成后就要向某一级教育科研机构申请立项。课题申请立项的目的有二：一是使自己研究课题的可能价值得到教育科研机构的承认，二是通过立项从该组织获得技术上的指导和经费上的支持。为使课题顺利立项，研究者要了解申报的基本程序和掌握一些必要的策略、技巧。

（1）课题申报的基本程序。

①课题申报的级别选择。目前，国家、省、地（市）、县（区）均设有教育科学规划领导小组，负责该级课题的评审和管理。在课题申报时，研究者要根据各级课题管理部门的课题指南、管理要求，结合本课题的研究内容、研究价值、人员力量等因素去确定向哪一级别的部门申报立项。申报哪一级课题，就要向该级课题管理部门索取课题申报书。

②填写课题申报书。填写课题管理部门印发的课题申报书是课题申报的关键一环。课题管理部门主要根据课题申报书的各项内容来确定该课题是否有研究价值，是否可行，然后决定是否给予立项。因此，填写课题申报书要认真、规范、科学。不同级别、不同的课题管理部门所设计的课题申报书可能有所不同，但都大同小异，其内容大致包括课题名称、负责人基本情况、课题主要成员基本情况、研究的背景、研究的主要内容、研究的方法、研究的步骤、研究的计划、预期成果、单位意见、专家推荐意见等，与研究方案的结构内容大致相同，只要按照研究方案的内容稍做整理，对应填写即可。

③找专家推荐。课题负责人所在单位领导签署意见后，最好能够请到相关学者、专家加具推荐意见（从研究者的理论素质、专业水平、研究能力、客观条件等方面说明研究可能达到的预期成果）。

④寄交课题管理机构。按要求填写好的课题申报书应按时间要求寄交到课题管理部门。

（2）课题申报的策略。

为了使课题能够得到立项，在保证课题有价值、有可行性、有创新性的前提下，研究者可采取下面的策略：

①阅读课题管理规定，如课题申报的条件、选题方向、方法要求等，做

到有的放矢。

②制订比较完整、科学的研究方案，要根据专家、同行的建议对研究方案进行反复、不厌其烦的修改，使课题研究方案更具体、更合理、更科学。

③认真填写课题申报书。态度认真、端正是进行教育科研的前提。填写申报书前要认真阅读"填报须知"，然后客观、清晰地填写申报书里的各项内容，尤其要如实填写自己的研究经历，如承担过或参与过的课题、发表过或出版过的论文、论著，所受过的学术培训等。前期所做的文献分析、准备工作等也应一一填上，因为这些内容是课题立项评审者衡量申报人学术水平、研究能力的一个指标。

④附上有关材料。课题立项申报前除了做好文献资料的搜集和整理，最好还请专家对选题进行初步的论证，并写出论证报告和研究方案，然后把它们和整理出来的文献资料附在课题申报书上。这样一来，容易使课题立项评审者认定该课题研究的可行性比较大，使立项通过的概率增大。

⑤请专家推荐。如果能请有较高学术地位、有一定声望的专家或学者担任课题顾问或推荐人也是一个很好的策略。

⑥与有关高校联合申报。高等院校的科研力量和科研资源都很雄厚，如果能与之联合申报，不仅能获得有关理论和研究方法上的指导，而且能反映出课题的价值和可行性，以得到有关专家的肯定，有利于课题的立项。

2. 开题报告

课题成功立项后，就要全面启动研究工作，一般都会有开题仪式——开题报告会。开题报告会的一般步骤为：活动主持人宣布开题报告会开始并介绍来宾—课题主持人介绍研究的背景、内容、目的、重点、难点、思路、方法、计划以及前期的准备工作等情况—专家点评—课题组成员与来宾座谈交流—专家专题讲座等。

3. 实施研究

课题开题之后就要按照研究方案全面开展研究活动，并要注意做好以下几方面工作：

（1）理论学习。通过定期组织课题组成员进行理论学习，提高研究人员的理论素养和研究水平。

（2）分步实施。制订好年度或学期（阶段）的研究工作计划，分步实施。如果是一个大课题，除了制订总课题的研究计划外，还必须制订好各子课题的研究计划。以下案例是笔者主持的广东省教育科研“十三五”规划 2017 年度中小学教师教育能力提升计划项目重点课题“知行统一、三教结合，培养农村小学生良好行为习惯——青少年健康成长教育实践研究”（2017ZQJK035）的研究工作计划。（见图 3-1）

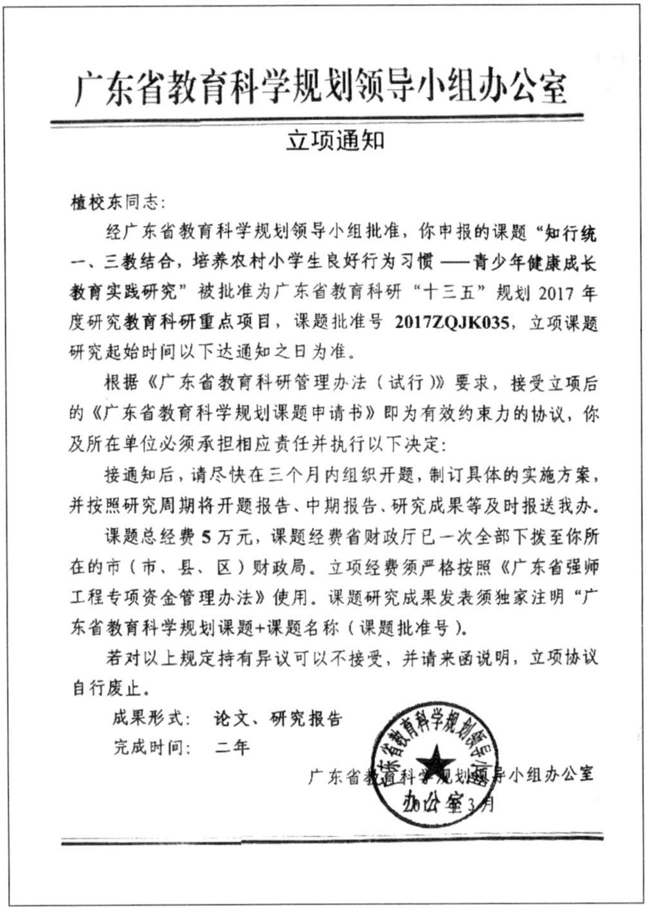

广东省教育科学规划领导小组办公室

立项通知

植校东同志：

经广东省教育科学规划领导小组批准，你申报的课题“**知行统一、三教结合，培养农村小学生良好行为习惯——青少年健康成长教育实践研究**”被批准为广东省教育科研“十三五”规划 2017 年度研究**教育科研重点项目**，课题批准号 **2017ZQJK035**，立项课题研究起始时间以下达通知之日为准。

根据《广东省教育科研管理办法（试行）》要求，接受立项后的《广东省教育科学规划课题申请书》即为有效约束力的协议，你及所在单位必须承担相应责任并执行以下决定：

接通知后，请尽快在三个月内组织开题，制订具体的实施方案，并按照研究周期将开题报告、中期报告、研究成果等及时报送我办。

课题总经费 **5** 万元，课题经费省财政厅已一次全部下拨至你所在的市（市、县、区）财政局。立项经费须严格按照《广东省强师工程专项资金管理办法》使用。课题研究成果发表须独家注明“广东省教育科学规划课题+课题名称（课题批准号）。

若对以上规定持有异议可以不接受，并请来函说明，立项协议自行废止。

成果形式：论文、研究报告

完成时间：二年

广东省教育科学规划领导小组办公室

3月

图 3-1　立项通知

“知行统一、三教结合，培养农村小学生良好行为习惯——青少年健康成长教育实践研究”准备阶段工作计划

（2016 年 6 月—2017 年 4 月）

充分的准备是顺利开展研究的重要保证和必要前提。为了奠定坚实的研究基础，现制订准备阶段工作计划如下。

一、工作目标和任务

（一）成立课题组

经过反复研究，我们决定组建课题组，明确课题小组职责及课题领导职责，制订研究工作方案，做到分工明确，责任到人，同时挑选出责任心强，有志研究的教师参加课题研究。其次，我们着手师资培训，采取"走出去，请进来"的方法，坚持集中学习与分散自学相结合，一边研究与一边学习相结合、个体学习与互相学习相结合等方法，引导教师转变观念，了解新信息，汲取新经验，运用新方法，全面提升实验教师的整体素质。

（二）加强理论学习

我们在进行师资培训的同时，查阅有关资料文献，集中学习相关的理论专著及课题研究理论，引导教师掌握有力的理论武器指导自己进行实践与研究。

（三）做好调查论证

（1）调查和分析农村小学生的行为习惯的现状，了解国内外关于同类课题的研究现状，构建一个科学、规范的知行统一、三教结合，培养农村小学生良好行为习惯研究体系。

（2）制订课题研究方案，召开研讨会，邀请专家、学者、"五老"同志、教师等，对课题方案进行论证修改，形成比较系统的理论构想和具体的操作方法。

（四）制订研究方案，做好立项申报工作

二、具体工作安排

1. 2016 年 6 月—8 月

（1）切实根据我校校情，研究我校学生的行为状况、能力、特长及研究需求等，以保障课题研究的实效性。

（2）成立课题领导小组，分工到人。

（3）申报课题，邀请肇庆学院肖晓玛教授、肇庆市教育局教研室小学语文教育专家伦仲潮主任等帮助论证评估，指导课题的立项和研究。

（4）制订课题研究方案，召开研讨会，对课题方案进行修改完善。

（5）确定课题研究对象的学校。

（6）做好课题的立项申报。

2. 2016 年 9 月—12 月

（1）认真学习教育科研理论，掌握课题研究的相关知识。

（2）学习课题方案。

（3）营造好校园文化氛围，构建三支队伍，全方位促进学生良好习惯的养成。

3. 2017 年 1 月—2 月

（1）交流分享理论学习情况。

（2）进入家庭，面对面与学生和学生家长座谈，了解实验学生的真实情况。

（3）设计关于培养农村小学生良好行为习惯的家长问卷调查表。

（4）发放学生、家长调查问卷表，并进行调查和汇总整理，撰写调查报告。

4. 2017 年 3—4 月

（1）做好上联下引工作，如期做好课题开题仪式各项准备工作。

（2）制订课题实施阶段工作计划，全面开展课题研究工作。

2016 年 6 月 18 日

"知行统一、三教结合，培养农村小学生良好行为习惯
——青少年健康成长教育实践研究"实施阶段工作计划
（2017 年 5 月—2018 年 12 月）

"知行统一、三教结合，培养农村小学生良好行为习惯——青少年健康成长教育实践研究"实验课题自开题以来，我们进行了深入的理论学习与实践探索，已顺利完成了准备阶段的各项工作，结合准备阶段工作中存在的问题，我们对课题研究实施阶段的工作计划制订如下。

一、指导思想

本课题以《国家中长期教育改革和发展规划纲要（2010—2020 年）》理念为导向，以《农村小学生行为习惯现状及其成因分析》实践为基础，探索在新背景下，加大研究"农村小学生良好行为习惯的养成"的基本理念和一般教育的方式方法，做到知行统一、三教结合。

二、主要工作

（1）了解掌握学生的行为习惯、心理活动，在各个时段的真实信息以及发展水平，收集数据，做好进一步的分析、实践与研究。

（2）把准备阶段所了解到的情况应用到日常研究和教育工作中，并注意

总结教育方法。

（3）积极组织开展集体教科研活动，把行为训练法和思想教育法有机结合起来。在平时的各种教育活动中进行课题研究内容的实践与探索，针对问题，及时思考，并提出相关策略，撰写相关论文。

（4）研究策略：理论指导—实践操作—阶段分析—反思改进—总结归纳。

三、具体工作安排

1. 2017 年 5 月—2017 年 8 月

（1）通过开题报告会向学校、专家汇报本课题的研究方案、预期效果等，并对本组课题成员进行培训学习。

（2）制订子课题"培养农村小学生良好行为习惯的途径和方法""整合家、校、社，助力农村小学生良好行为习惯的养成"研究方案，召开研讨会，对子课题方案进行改进。

（3）继续做好农村小学生行为习惯现状的调查，完成调查报告。

2. 2017 年 9 月—2018 年 12 月

（1）对搜集的资料、调查的数据进行整理分析，总结归纳学生在日常学习、生活中存在的问题。

（2）在开展研究的过程中，积极开展各种活动，对学生进行专题思想教育，如"明礼守法讲美德""诚实守信有担当""好学多问肯钻研""爱护公物我做起""珍惜生命保安全"……

（3）以《国家中长期教育改革和发展规划纲要（2010—2020 年）》为理论依据，通过上课（教育活动）、研讨、反思、改进、总结等层层深入，进行第一轮课例研究或案例分析工作。

（4）开展"走出去、请进来"课题研究心得交流等活动。

（5）营造良好校园文化氛围，发挥环境文化育人功效。

（6）开展"十个一"实践教育活动。

（7）评选"仁里之星"，发挥榜样示范作用。

（8）按需要调整研究或实验策略，做好撰写论文准备工作，整理和归档资料，撰写实施阶段工作总结。

（9）做好中期评估和阶段小结工作。

2017 年 4 月 28 日

"知行统一、三教结合，培养农村小学生良好行为习惯
——青少年健康成长教育实践研究"结题阶段工作计划

（2019年1月—2019年3月）

一、指导思想

为了更好地总结"知行统一、三教结合，培养农村小学生良好行为习惯——青少年健康成长教育实践研究"课题实验研究的经验和教训，巩固各实验学校的研究成果，以便有针对性地将本课题研究成果加以推广，根据课题组的研究计划，本课题组将于2019年3月开始进行结题验收准备工作。

二、总体目标

从2019年1月上旬至2019年3月，利用3个月时间，做好以下相关工作：

（1）总结"通过整合学校、家庭、社会三个平台的教育力量，以及三所学校的有效教育，全方位促进山区小学生良好行为习惯的养成方法，促进学生健康成长，更好地促进教育教学质量的提高"的途径与方法。

（2）做好课题资料归类工作，完成研究报告，申请结题验收。

三、具体做法

对课题进行分析、反馈，总结撰写研究报告和研究论文，做好结题工作。

（1）整理研究积累的资料，对研究中的经验总结进行筛选，优化整合，写出研究报告。

（2）总结研究成果，撰写相关的研究报告及结题报告。

（3）总结研究实验的不足之处，提出建设性意见，为后续的改进与推广工作做好准备。

（4）申请验收。

四、结题要求

（1）实事求是，反对虚假。各研究教师的"个人研究"以及其它附件材料，要本着求实的原则进行撰写。

（2）强调实践研究，注重在课改中研究，在教育教学实践中探索，在研究和改革中创新。

（3）既要重视实验研究成果，也要重视实验研究过程。

（4）强调差异性，因校制宜。三所学校原有的教学基础、师资力量、客观条件、课改环境有很大的差异，所以结题的成果只强调在原有基础上是否

有明显改变或提高。

五、评比、考核

学校通过举办活动、常规检查、行政巡课、专项调查等形式对各班开展的良好习惯的养成教育进行记录、考核，对取得成效的班主任进行表彰和对表现良好的班级进行奖励，以此推动小学生良好习惯教育活动的深入开展。

2019 年 1 月 7 日

"知行统一、三教结合，培养农村小学生良好行为习惯
——青少年健康成长教育实践研究"

子课题"培养农村小学生良好行为习惯的方法"研究工作计划

一、研究的目标和内容

（一）研究目标

本课题立足于学校教育与家庭教育，研究和探讨小学生良好行为习惯的养成。课题以"建立规范，增强意识，形成习惯，促进养成"为宗旨；遵循学生个性发展的基本规律，以健康人格为核心目标；以"在家做个好孩子，在校做个好学生，在社会做个好公民"为具体目标，以《小学生日常行为规范》《小学生守则》为主要教育内容，促进学生养成良好的行为习惯。

（二）研究内容

（1）小学生良好行为习惯规范的研究（具体细化为十个方面）：①举止文明的习惯；②诚实守信的习惯；③尊重他人的习惯；④守时惜时的习惯；⑤懂得感恩的习惯；⑥勤俭节约的习惯；⑦遵守秩序的习惯；⑧勤于动手的习惯；⑨锻炼身体的习惯；⑩讲究卫生的习惯。

（2）小学生良好行为习惯培养及不良习惯矫正策略的研究；明确小学生养成不良行为习惯和"知行脱节"的原因及矫正策略；探索小学生良好行为习惯养成的规律、方法和途径；探索如何使家庭与学校相互配合，共同做好小学生良好行为习惯的养成教育工作。

（3）学生行为习惯养成监督评价机制的研究。

二、研究的思路与方法

（一）研究思路

（1）课题将遵循党的教育方针和国家的各项教育法规，围绕《小学生守则》《小学生日常行为规范》，有重点、有目的地分阶段实施。

（2）课题针对各年龄阶段学生的生理及心理特点，以学习习惯养成为主线，采用递进式研究模式，切实保障课题研究的可操作性。其中，低年级学生侧重学生礼仪行为习惯的养成教育研究，教育、引导学生做学习的小主人。中年级侧重于学生生活行为习惯的养成教育研究，教育、引导学生做生活的小主人。高年级侧重于安全行为习惯的养成教育研究，教育、引导学生做社会的小主人。

（3）学校要与社会、家庭结合起来，共同教育学生。同时，课题组充分挖掘环境资源及加强"三结合"教育方面的研究。

（4）课题坚持正面引导学生，引导学生主体参与，开展形式多样的活动，使学生在活动中受到教育，认识自我，规范自我，完善自我，及时纠正学生的不良习惯。

（二）研究方法

研究方法主要是以调查研究法、访谈法、个案法、观察记录法、行为训练法、思想教育法、经验总结法为主。

（1）调查研究法：在全校分年级开展学生行为习惯现状的问卷调查，了解掌握学生的行为习惯、心理活动，在各时段的真实信息以及发展水平的基础上，分析我校学生行为习惯的现状及成因，研究如何整合教育资源形成合力，通过有效途径促使学生养成良好的行为习惯。

（2）访谈法：为进一步了解实验对象的真实情况，特别是心理情况，直接找实验对象进行面谈，从而获得资料和反馈信息。

（3）个案法：建立典型实验对象的全程档案，作为实验评估和改进实验的依据。

（4）观察记录法：在实验活动时，对实验的对象进行观察，并将其反应记录下来，作为研究、评价的资料和信息。

（5）行为训练法：对实验对象有针对性地进行单项行为习惯训练和专题教育实践（如低年级进行仪表整洁、物品摆放、坐姿写姿、听讲朗读、举手发言、文明礼貌、垃圾入桶等训练；中年级进行打扫清洁、书写工整、卷面整洁、课前预习、课堂倾听、交流发言、做好笔记等训练；高年级进行合作交流、学习反思、阅读积累、爱护公物、保护环境、文明用餐、安静就寝、整理寝室、敬老爱老、参与公益等训练），以达到矫正或提高的目的。

（6）思想教育法：在开展实验研究前或过程中，对学生进行思想教育，如开展"明礼守法讲美德""衣着整洁人精神""孝亲尊师善待人""诚实守信有担当""好学多问肯钻研""力争读遍万卷书""爱护公物我做起""珍惜粮食不浪费""珍爱生命保安全"等主题班会队会和专题教育讲座，以提高其思想认识。

（7）经验总结法：在探索小学生养成良好行为习惯的有效途径与方法的同时，认真总结经验和规律，不断地提高创新能力。

三、研究的步骤和计划

（1）准备阶段（2017年3月—2017年6月）：完成调查问卷，走访学生家庭，对农村小学生行为习惯的现状及成因进行分析，撰写研究方案等。

（2）研究实施阶段（2017年7月—2018年12月）：开展教育实践活动，根据课题研究情况，及时组织交流、研讨活动，积极撰写论文、个案研究，做好资料的整理和归档，完成阶段性成果，等等。

（3）结题验收阶段（2019年1月—2019年3月）：做好材料的收集归类和课题总结，完成研究报告，申请结题验收。

四、研究的主要措施

（1）进行行为规范的认知教育，明确养成教育要求。要想让学生养成良好的习惯，必须让学生知道要养成哪些习惯，应该怎样做，不该怎样做。课题组组织学生重点学习《小学生守则》《小学生日常行为规范》《学生课堂常规》《行为规范三字歌》《文明礼仪三字歌》；同时，还可以举行全校《小学生日常行为规范》歌谣诵读比赛等，让学生明白行为习惯的具体要求，有章可循。

（2）明确意义，激发动机。课题组开展形式多样的活动，创设各种教育环境，如"主题班会、广播、板报、举行征文活动"等，引导学生观察现实、体验社会生活，激发学生"追求真善美，培养高尚情操"的愿望，激发学生自我教育的动机，不断提高学生自我教育的能力。

（3）建立一套评价学生行为习惯养成的教育评价机制。围绕学生行为习惯的十个方面，课题组建立一套评价方案，分自评、互评、师评、家长评四个方面，对每名学生行为习惯的养成情况进行全面评价，并将测评结果纳入学生综合评价等级的评定。同时，每位课题组成员每个学期确定一至两名特殊学生以教育案例的形式进行转化教育，积累经验。

（4）开展丰富多彩的实践活动，提升学生素质。课题组积极开展各项活动，让学生在活动中提升素质，在体验中感悟生活，在感悟中明确如何做到知行统一，学会做人、做事和学习，从而促进良好行为习惯的养成。

（5）加强家庭、学校、社会的联动，形成教育合力。课题组加强家校联合教育研究，积极探索学校教育与家庭教育的合作途径，努力寻求家校合力，充分挖掘家庭教育的潜力，使其成为学校可持续发展的支持源。在此期间，学校组织家长会，向家长传输了一些先进的家教理念，教师和家长共同探讨和分享成功经验。全体课题组成员要对所在班的学生，每年进行一次家庭普访。针对学生家长外出务工多的情况，课题组成员平时要多通过电话与家长沟通交流，及时反馈学生的在校表现。

（6）树立榜样，启发自觉。模仿是小学生养成良好行为习惯的重要途径，为学生树立榜样，通过榜样的表率作用使养成教育变得"可见、可学、可仿、可行"。每次活动结束后，每学期的期末，每年的六一，学校都要进行总结，表彰奖励一批活动积极分子，如"友爱之星""明礼之星""行善之星""诚信之星""进步之星""才艺之星""仁里之星""阅读之星"和优秀少先队员、拾金不昧好少年、三好学生等，在对他们进行表彰奖励的同时，通过黑板报、广播、校会等媒介重点对他们的优秀事迹进行大力宣扬，让他们成为其他学生的榜样。

2017 年 3 月 6 日

"知行统一、三教结合，培养农村小学生良好行为习惯
——青少年健康成长教育实践研究"

子课题"整合家、校、社，助力农村小学生良好行为习惯的养成"研究与实施计划

学校、家庭和社会是教育的三大重要组成部分，学校德育实践做到三教结合，形成"以学校教育为主导，家庭教育为基础，社会教育为依托"的"三教"结合工作格局，实行课堂教学、课外活动、社会实践三位一体的运行机制，构建"纵向衔接、横向沟通、内外结合"的三维德育工作体系，坚持以人为本，配合学校教育，引导家庭教育，协调社会教育，这样让亲子之间，师生之间，家长、社区、村组干部群众与教师之间的关系更加融洽，促进学生良好行为习惯的形成，进而促进学校教学质量的提高。

为更好地把学校教育与家庭教育、社会教育有机结合，共同担负起育

人的任务，促进农村小学生良好行为习惯的形成，课题组结合地方实际情况，特开展"整合家、校、社，助力农村小学生良好行为习惯的形成"的探究。

一、研究的目标

（1）营造家庭、社会、学校一体化育人氛围。

（2）建设校外育人基地，即办好学校观察社会的窗口。

（3）组建一支校外德育队伍，建立本课题的校外辅导员网络。

（4）培养一批优秀家长，并以此建立优秀育人家庭。

二、研究的思路与方法

本课题将采用"分析—实践—反思—重构—实践—总结"这一研究思路，在教学实践中边思考分析，边反思调整，边改进总结，结合地方实际情况，把学校教育、家庭教育与社会教育有机结合，共同担负起育人的任务，促进农村小学生良好行为习惯的形成。

本课题采用以下研究方法：

（1）主动协调法：在组织、引导、协调"三教"结合方面发挥关键的主导作用，学校成立"三教"结合领导小组，组长由主管教育的镇领导担任，校长任副组长，成员包括学校班子成员、辖区派出所干警、村委会干部、"五老"同志等，形成从家庭到学校再到社区、村组的上下联动、齐抓共管的良好局面。

（2）规范管理法：通过建立、健全家长委员会制度，改革创新家访制度、家长会形式，深化警校共建、区校共建，培养骨干队伍，扩大"三位一体""三教"结合的指导与覆盖面。

（3）广泛宣传法：认真贯彻"以德治国"和坚持"一切为了孩子，为了孩子的一切"的理念，加大宣传力度，宣传"三教"结合的重要作用，组织学习"三教"育人的先进事例，动员人人参与，自我接受教育，最终让学校、家长、社会形成这样的共识：教育下一代是全社会共同的责任，家、校、社关系是一种战略伙伴关系，为了"教育好我们的下一代"这个共同目标，三方需齐心协力，紧密配合，发挥联动作用。

（4）实践创新法：根据不同年龄阶段学生身心发展的特点，结合区域情况，采取灵活多样的指导方式，形成学校、家庭、社会整合的大教育格局，实现教育资源的共享和优势互补。

（5）思想教育法：在开展实验研究前或进行研究的过程中，对学生进行思想教育（如开展"明礼守法讲美德""衣着整洁人精神""孝亲尊师善待人""诚实守信有担当""好学多问肯钻研""力争读遍万卷书""爱护公物我做起""珍惜粮食不浪费""珍爱生命保安全"等主题班会队会和专题教育讲座），以提高其思想认识。

（6）经验总结法：在探索整合家、校、社，助力农村小学生良好行为习惯形成的同时，认真总结这方面的经验和规律，不断地提高创新能力。

（7）科研引路法：建立健全家庭教育、学校教育和社会教育的科研机制，形成领导、教师、家长、"五老"同志相结合的研究局面，不断总结和探索实践中的经验及存在的问题和困难，使理论与实践相结合、应用研究和理论研究相结合。

三、研究的步骤和计划

（1）研究准备阶段（2017年1月—2017年2月）：撰写研究方案、成立领导小组、广泛宣传等。

（2）研究实施阶段（2017年3月—2018年12月）：开展研究活动、按需调整研究或实验策略、撰写论文、做好资料的整理和归档、完成阶段性成果等。

（3）总结阶段（2019年1月—2019年2月）：做好课题总结、完成研究报告等。

四、研究的主要措施

1. 成立家长委员会，搭建沟通桥梁

家长委员会是学校教育、家庭教育和社会教育相结合的桥梁和纽带，其宗旨是沟通家长与学校的联系，听取家长的合理化建议，协助学校做好学生的教育工作，设计更多、更好的家、校、社三结合的工作网络载体，如印制"家校联系手册"（联系卡），让家长了解并参与学校的教育教学工作，及时沟通学校与家庭的联系，解决教育中出现的问题。

2. 成立"家长学校"，提高家长素质

学校定期举办家庭教育培训班，开放"家长接待日"，对家长进行家庭教育理论与实践培训，每学期1~2次，讲座内容包括"如何与孩子沟通""关注孩子的心灵成长""自理能力的培养""家校结合强化行为教育""走进新课堂"等主题，让每个家长懂得家庭是孩子的第一课堂，家长是孩子的第一任老师，以此提高家长的素质，使其更好地配合学校对学生进行教育。

3. 改革创新家长会，营造和谐育人氛围

为了使学校教育和家庭教育配合得更和谐，各班主任要积极进行"家长会模式创新"研究，改变过去教师讲家长听，只谈学生学习成绩的传统做法；通过"换位家长会"，让家长主持家长会，家长们共议家庭教育；通过"沟通从心开始——亲子对话会"，让学生走进家长会，和家长、老师共同谈家庭教育问题，谈自己对家长、老师的希望；通过"成长汇报会"演绎学生的心路历程，展示学生成长过程中的闪光点。

4. 实行警校共建，争取社会"多方力量"齐抓共管

学校与辖区派出所实行警校共建，与居（村）委会等周边单位联系，签订共建协议，有目的、有针对性地通过"请进来走出去"的形式开展主题活动；发挥好法制副校长和法制辅导员在学校法制工作中的作用，开展多种形式的法制安全教育、预防毒品教育、消防安全逃生演练活动，让学生在齐抓共管中健康成长。

5. 架设一座"网桥"，构建家校一体德育网络

学校利用现代教育信息化的技术，开通家校互动教育平台（如微信群等），拓宽学校教师与家长沟通的渠道，并通过网络平台教师与家长们共同探讨有关家教的热点和难点问题，家长畅所欲言、献言献策，一起为教育。

6. 开辟社校共建，挖掘和利用社会资源

学校请劳动模范到校介绍先进事迹；组织学生清明节祭扫烈士墓，助残日捐款，到敬老院服务，协助有关部门进行"人口日""环境日""禁毒日"等宣传教育活动；与公安、文化部门共同开展"远离网吧，健康成长"教育活动。学校通过这些活动，促进社会教育与学校教育相结合，让学生在接触社会的德育实践中，学到知识，受到教育。

7. 开展"校外小组合作实践活动"，实行开放式育人

有效利用家庭资源，让孩子们走进社会、走进大自然。"校外小组合作实践活动"发动学生自主组合，每个小组4~6人，选出小组长，利用双休日、节假日、寒暑假自主开展活动。学校制订活动方案，明确活动的时间、地点、内容和程序，供学生和家长选择、参考。每次活动由小组长组织全组成员共同讨论、合作确定活动的主题与内容，共同制订活动计划，分工做好活动的

各项准备工作。活动的内容可以是钓鱼、劳动，也可以是参观、访问、植树以及科技制作等。活动使学校由封闭式变为开放式办学，让学生走进社会，体验生活，增长知识，磨炼意志，树立正确的人生观、价值观，全面提高学生的综合素质。活动通过一名学生，带动一个家庭，通过一个家庭带动一个社区、村组。

8. 社区关心下一代，不放弃任何一个问题学生

课题组制订帮扶计划，有目的地对"边缘青少年"进行教育：一是定辅导教育对象（"边缘青少年"），通过村（居）委村组、派出所和学校三条渠道排摸；二是定辅导员，由居委主任、关工委组织成员、退休老同志和社会热心人士组成；三是实行"二帮一"或"三帮一"，开展帮扶活动，帮思想，帮学文化科学知识，帮解决一些实际困难。在开展工作中，辅导员与辅导对象交朋友，要动之以情，晓之以理，避免生硬说教，并要努力取得家长、亲友的协助。各辅导组通过《关心下一代联络辅导手册》，翔实记录每次辅导活动的情况，以提高教育效果。

9. 加强外事联系

课题组组织成员及部分教师到外地（计划到珠海、清远）参观学习，了解当地学校如何进行"三教"结合，促进小学生良好行为习惯养成的做法，学习并吸收其先进的育人经验，更好地指导我们整合家、校、社，助力农村小学生良好行为习惯的形成。

2017 年 1 月 12 日

（3）研讨交流。在课题研究的过程中，课题组要通过组织"听、评、研、讲：听讲座、办沙龙、听报告、观课例、研究小结、研究反思"等分享与交流活动，充分调动研究人员的积极性。

（4）总结改进。课题组按时做好阶段（中段）小结、年度总结，对照计划，看看研究工作进展得如何，预期的目标是否达到；时时做好研究反思，研究方案的设计、研究方法的采用是否科学合理，阶段的研究成果（效果）是否充分体现；及时根据研究情况调整研究方案、研究策略。

🗂 案例

"知行统一、三教结合，培养农村小学生良好行为习惯
——青少年健康成长教育实践研究"准备阶段工作总结

我们课题组针对学校实际情况提出研究课题"知行统一、三教结合，培养农村小学生良好行为习惯——青少年健康成长教育实践研究"，课题于2016年8月底申报，2017年3月底被广东省教育厅科研处批准为省级立项课题。自申报以来，学校领导高度重视，课题组成员明确了切实可行的工作分工，做了大量务实的工作，使课题研究能够顺利展开、推进。为了把课题研究工作更有成效地开展下去，现将准备阶段的工作总结如下。

一、宣传发动，成立中心课题组

在学校的组织下，经过学校推荐，我们成立了一支有一定经验的教师组成课题研究队伍；确定肇庆学院教授肖晓玛同志为课题顾问，肇庆市教育局教研室副主任伦仲潮同志为课题学术指导，植校东校长为课题组组长，陈炳文为副组长，唐伟耀、黎玉凤、植红梅、叶荣森、梁旭圣、冼洁怡、梁银婵、梁雪梅、沈玉琴为课题组成员。

二、制订课题研究方案

农村小学生良好行为习惯的形成一直是众多教师的研究热点，我校是一所农村学校，学生见识稍显不足，家庭教育、环境教育氛围不佳，学生的生活习惯和学习习惯相对较差。为此，我们确立了"知行统一、三教结合，培养农村小学生良好行为习惯——青少年健康成长教育实践研究"课题，课题组经过讨论研究，确定了课题研究的重心，预测了课题研究中可能遇到的困难，结合我校教师和学生的实际情况制订了课题实施方案，进行深入细致的调查研究，并做一些分析思考，力争积累一些有效的教育教学经验和案例，为学校教育教学水平的提升提供帮助，最后使教育达到"以学生发展为本，培养全面发展的人"的目的，为下阶段的顺利实施做好充分的准备。

三、确定本课题主要研究的内容

（1）整合"三教"的教育力量，促进农村小学生良好行为习惯的养成。

（2）坚持知行统一的教育观点，让小学生在"学习锻炼—实践体验—再学习道理—再实践感悟"的一系列循环往复的教育活动中，在学生自我的不

断感悟中修正自己的行为，内化成自律，最终养成良好的行为习惯。

四、明确本课题研究方法

（1）问卷调查法。

（2）访谈法。

（3）个案法。

（4）观察记录法。

（5）行为训练法。

（6）思想教育法。

（7）经验总结法。

五、开展问卷调查

设计关于培养农村小学生良好行为习惯的家长问卷和学生问卷，并进行调查和汇总整理工作。

六、努力方向

（1）继续加大培训力度，不断优化研究课题的教师队伍。

（2）深入进行课题实验，努力研究农村小学生良好行为习惯的养成教育，反复实践，反复研究，对比分析，总结课题的经验教训，在实践中勇于探索。

课题研究的准备工作已经基本就绪，我们将全力以赴地投入到课题的实验阶段。在准备工作中，我们仍存在一些不足，今后一定要努力克服，加倍努力，圆满完成课题的研究任务。

2017 年 2 月 28 日

"知行统一、三教结合、培养农村小学生良好行为习惯
——青少年健康成长教育实践研究"实施阶段工作总结

我校课题"知行统一、三教结合，培养农村小学生良好行为习惯——青少年健康成长教育实践研究"自实施以来，进行了深入的实践和探索，各项研究活动得以顺利完成。现就我们课题组成员开展的工作进行简单总结：

点点滴滴成习惯，持之以恒育新人。小学生的良好习惯是从小培养的，好品质就是在养成好习惯的同时形成的。在好习惯伴我成长的大潮中，我们根据实际情况和学生的年龄特点，制订了"小学生良好行为习惯培养"的教育目标。本课题以培养学生形成良好的卫生习惯、文明礼貌习惯、品德行为习惯、学习习惯等为根本目的，以各种实践活动过程为载体，采取不同措施

对学生进行教育指导，帮助学生形成了良好的行为习惯。

一、习惯教育的具体内容

根据具体的培养计划，结合了解掌握的学生行为习惯、心理活动，课题组在各个阶段收集真实的信息，进一步做好分析、研究。除适时进行行为习惯训练外，每天早晨的晨会时间和每周二的班队会均定为训练时间。良好的行为习惯的训练和培养主要包括以下几点：

（1）良好的卫生习惯：衣冠整洁，搞好个人卫生；及时收拾好自己的书包、书桌；不随地吐痰，看到垃圾主动捡起；不在桌椅、墙壁上随便刻画；知道值日生应该做什么，并且知道怎么做又快又好；等等。

（2）良好的学习习惯：课前能及时做好准备工作；上课有良好的学习态度；养成仔细观察、勤记笔记、质疑发问、勤查工具书、定期复习整理的好习惯；独立自主地完成作业，做到仔细审题、认真书写，力争保质保量、按时地完成作业，不抄袭他人作业；上课认真听讲，有良好的坐姿，不可趴在桌子上听课，不打扰别人学习；等等。（图 3-2、图 3-3）

图 3-2　课堂学习

图 3-3　课间阅读

（3）良好的文明礼貌习惯：知道基本的礼节，如鞠躬、招手、敬队礼等；会使用礼貌用语；进教师办公室前先敲门，未经允许不闯入；等等。

（4）良好的品德行为习惯：课间不追逐打闹，不大声喧哗，做健康的游戏；排队快、静、齐；上下楼梯靠右行；不讲粗话，不打人；不去危险的地方，不破坏花草树木；和同学团结互助；等等。

二、主要工作内容

（1）努力落实实施阶段的工作计划，做好相关的各项工作，按照研究的方案认真做好各项子课题的研究工作。

（2）完成对本校、南丰镇中心小学北校区和信宜市第五小学的问卷调查工作，形成调查报告《农村小学生行为习惯现状及其成因分析》。

（3）做好资料、数据的整理分析，总结归纳学生在学习、生活中存在的问题。

（4）认真开展各个专题思想教育和实践活动，包括开展"十个一"实践教育活动。

（5）开展评选"仁里之星"活动，让小学生学有榜样，做有目标。

三、具体做法

1. 明确要求，指导具体

培养习惯对成年人一般提出要求就行了，不需指导过细，对小学生则不行，必须做到"明确要求，指导具体"，如学生的作业习惯培养，首先要制定要求：

（1）书写规范。

（2）正确率高。

（3）按时完成。

（4）及时订正。

我们用这四条要求经常指导学生，适时给予评判，好的在评比台中加分，并在全班展览，鼓励本人，促进大家。根据养成教育的内容，从每个细小的动作入手，从站、立、行走开始，随时给予指导。例如，教学生看课程表摆文具，上完一节课收拾一节课的文具，再摆放下节课的文具。另外，从与学生的日常接触中，我们发现有的学生接、发东西，说话等不太有礼貌，就及时教学生学会如何给大人递、接东西，如何说话。班级的地面易脏，不好搞卫生，我们就教学生如何保持卫生，擦桌子、扫地、拖地……由于小学生都缺乏基础的生活经验，如果没有具体的指导很难形成良好习惯。因此，我们就与家长形成合力，教师在学校指导，家长在家里指导，边指导边训练，最终都助学生形成良好的行为习惯。

2. 教师示范，强化训练

教师的言谈举止、丰富的肢体语言往往会给学生留下深刻的印象。小学生的模仿性很强，所以我们要求教师从语言到行动处处做学生的榜样，如和学生一起打扫教室，捡起地上的垃圾、纸屑等。下课后把歪斜的桌椅摆放整齐，把教室的清洁柜、讲台、课桌等擦干净，摆放整齐，使学生由无意识的模仿逐渐形成自觉的行为。现在很多学生在早上、中午到校后，都会自觉地打扫教室卫生。学生不再有意往地上扔垃圾，一些不小心带出来的小纸屑，只要他们看见就会主动捡起扔进垃圾桶。

3. 建章立制，加强督促

由于学生年龄较小，意志力不坚，不能长久坚持，难免为一时的贪玩而忘了自己许下的"承诺"，所以要培养学生良好的行为习惯，还在于有一个比较科学的管理制度，随时督促学生，提醒学生，如培养几名课间安全小检查员、文具摆放督促员、值日班长、学习组长等小干部，让他们对全班学生一天的学习、生活、文体、常规等情况进行督促，指出不良习惯，帮助改正。学习组长要随时督促该组的同学按时完成作业，并检查作业中是否存在抄袭，字迹是否工整，态度是否认真。

4. 奖罚分明，激励养成

运用各种奖励机制，激励学生，调动其积极性，帮助其养成习惯。我们有个人红花榜、分组评比台、值日班长胸牌、课堂上经常发的小红花，学生攒够10朵可以换一个红星标志。还有适用于各种场合的口头随机表扬与批评。在任何场合下，教师随时对一些行为好的学生提出表扬，对行为不规范的学生进行提示或批评。教师只要说"我现在开始表扬……"或说"我现在开始批评……"，几乎所有的学生都会端正自己的行为，因为他们都期望被表扬，不愿被批评。

5. 引导反思，自我调整

引导学生下午放学前5分钟自己问自己：今天在学习、课间生活等各类活动中哪些方面做得好，哪些方面做得不好，应注意纠正；引导学生从小学会反思自己的言行，调整自己的行为。

6.时常提醒，强化形成

习惯是经过重复或练习而形成的自动化的行为动作，它不是一朝一夕就能形成的，必须有一个过程，要养成良好的习惯，需要不断强化，需要持之以恒。所以我们在课前、课后、楼梯口、队伍中等任何场合，都要加上一句提醒的话，如下课后说"记着收拾好自己的书包""别忘了摆放好桌椅"；上课时说"摆放好学习用具"；排队时提醒说"要做到快、静、齐"；上楼下楼时说"靠右行，轻轻走"；队伍解散时说"走着，别跑"……久而久之，自律性较强的学生就形成了自觉行为。

7.适度包容，树立自信

学生在成长中，总是会犯错误的。所以对学生的不良行为，我们会及时和学生一起分析不良行为产生的原因、当时的心理等，帮学生认识不良行为对我们学习、生活的影响，同时为他们指出能达到的一个比较低的标准，让他们稍一努力就能达到要求，比较容易地改正错误，自觉并自信地向好的行为靠拢。

以上是我们在实施课题过程中开展的一些工作，我们将继续加大课题的研究力度，深入研究，不断总结经验，为顺利完成课题研究做出努力。

2018 年 12 月 20 日

"知行统一、三教结合，培养农村小学生良好行为习惯
——青少年健康成长教育实践研究"结题工作总结

在上级教育部门领导的精心指导下，在课题组全体成员的共同努力和密切配合下，我们坚持以"知行统一、三教结合"为突破口，以"培养小学生良好行为习惯"为切入点，进行了为期两年多的课题研究工作。全体课题组成员积极参与，分工明确，根据自己的工作职责，认真实践，攻坚克难，完成了各自的任务，取得了具有一定的理论价值和实践价值的课题成果，达到了预期的目标和效果，现把课题结题工作总结如下。

一、分解任务，按时完成

我们根据上级关于课题的申报程序，通过立项审核后，便在课题组内进行课题的论证工作，对课题研究中要做的有关事项做了充分的研究和分析，对开题报告的撰写，对课题实施方案的流程，对研究过程中预估的问题，都做了具体的研究、分析。每一个参加课题的教师都根据自己的研究能力和条

件，结合课题组的统一安排，主动承担起相应的任务，而且对自己承担的任务做细化和分解，制订出具体的实施方案，尤其安排好完成任务的时间节点。通过近两年的努力工作，课题组成员都能够顺利完成自己的任务，课题研究也因此取得了一定的成果。

二、重视过程性材料的收集整理，紧紧扣住课题的中心

在研究过程中，特别是针对过程性材料的收集整理，课题组非常重视。各课题组成员充分做好自己分工的相关工作，把在研究过程中有关的资料，分门别类地加以整理，对一些文字性材料，及时加以审阅和归档，对一些影像性材料，课题组加以打包归类，对一些活动性材料，也做了妥善的处理。总之，在研究过程中，大家紧紧扣住课题研究的核心任务，努力按照课题组的预先安排，不断落实任务，对在研究过程中出现的问题，课题组所有成员都能及时地交流、探讨，直至最后解决。

三、领导重视，部门支持

我们课题组自申报了这一省级课题后，主持人植校东校长多次集中课题组成员召开会议，把课题的研究思路、研究方案、研究价值以及会出现的问题一一做了充分探讨，他对该课题的研究非常重视，并把该课题研究作为学校工作的第一要务来抓。对研究过程中需要的物力和人力，学校尽最大努力支持和帮助，并及时地把本课题纳入学校重大的科研计划当中，根据课题研究的特性，给予必要的经费支持，对诸如公开教学活动、教师外出培训和交流、对学校的电教设备的使用等，学校都一路绿灯。同时，学校还对相关的处、室给予大力的支持和帮助，对课题研究中出现的问题也会及时解决。由于有领导和教师们的大力支持，所以，本课题得以顺利地完成结题的相关工作。

四、重视研究课题中存在的问题

作为省级课题，要想顺利地结题，难度还是比较大的。在实际研究过程中，我们课题组也遇到不少问题，这些问题需要成员们的共同努力才能解决，而有的课题需要学校领导出面解决。对所有的问题，我们都分门别类地加以整理；对解决问题的思路、措施、方案等，都进行了充分的探讨和预估。这些问题涉及新课题的理念，涉及教师教学中的具体环节，涉及学生在自主学习中的探究和合作，等等。课题组各相关教师对自己负责的部分，对出现的问题都能把自己作为第一责任人，想方设法找到问题的关键和症结所在，确

定好解决思路，给出具体的解决方法。课题组还根据课题研究的阶段，经常召开相关的会议，听取课题组成员的建议和意见，对比较棘手的问题，所有成员献计献策，共同解决；对一些高深的理论，特别是一些难以把握的问题，及时请专家把脉。正因为重视问题，课题才能顺利推进，同时让成员们在解决问题的过程中，提高了研究能力。

五、加强课题在教学中的运用

任何一个课题，它的价值都是为了解决问题，解决之后还需要进一步总结反思。对课题研究中掌握的方法和规律，对课题研究中存在的问题和矛盾，我们都要充分吸纳和了解。课题研究还有一个不可忽视的价值，那就是课题成果的应用和推广。我们这个省级课题是顺应"立德树人"的理念，是为了满足新课程改革的需要，重点是为了"培养农村小学生良好行为习惯"而开展研究的。因此，当我们取得了课题研究成果后，我们应及时地、有意识地在教学过程中、学校的活动中不断应用、不断探索、不断总结来验证课题研究的成果，并请课题组成员分别上各种形式的公开课，同时，把我们的课题成果辐射到周边学校和实验学校。在重视课题成果应用的同时，我们还不断地研究课题中出现的新问题，不断地创新课题研究的角度和方法，争取让课题成果最优化，推动课题教育效益的大幅度提升。

六、收集材料，迎接验收

在课题收尾阶段，我们也及时地召开了课题组成员会议，做好结题准备工作和分工，特别是做好课题材料的收集和整理，材料主要有结题主材料、附件材料、其他佐证材料。主持人对材料的收归做到分门别类，工作明确，责任到人，同时细致地罗列出相关的材料，并一一做了说明和解读。由于措施到位，成员积极配合，潜心研究，工作扎实有序，所以课题硕果累累，能够如期结题，诚盼上级验收。

2019 年 3 月 29 日

"知行统一、三教结合，培养农村小学生良好行为习惯
——青少年健康成长教育实践研究"

子课题"培养农村小学生良好行为习惯的方法"研究工作总结

"培养农村小学生良好行为习惯的方法"是我校申报广东省教育科研"十三五"规划 2017 年度中小学教师教育能力提升计划重点课题"知行统一、

三教结合，培养农村小学生良好行为习惯——青少年健康成长教育实践研究"的子课题，两年来在上级领导及专家的支持下，经过课题组成员的努力，我们顺利地完成了研究工作计划中的各项任务，通过良好行为习惯的培养，提升了学生的责任意识，促进了校风、班风、学风建设，同时总结出一些教育学生的方法经验，现做如下总结。

一、确立研究的目标和内容

（一）研究目标

本课题立足于学校教育与家庭教育，研究和探讨小学生良好行为习惯的养成。课题以"建立规范，增强意识，形成习惯，促进养成"为宗旨；遵循学生个性发展的基本规律，以培养学生健全的人格为核心目标；以"在家做个好孩子，在校做个好学生，在社会做个好公民"为具体目标，以《小学生日常行为规范》《小学生守则》为主要教育内容，促进学生养成良好的行为习惯。

（二）研究内容

1.小学生良好行为习惯规范的研究

小学生良好行为习惯的研究具体细化为十个方面：①举止文明的习惯；②诚实守信的习惯；③尊重他人的习惯；④守时惜时的习惯；⑤懂得感恩的习惯；⑥勤俭节约的习惯；⑦遵守秩序的习惯；⑧勤于动手的习惯；⑨锻炼身体的习惯；⑩讲究卫生的习惯。

2.小学生良好行为习惯培养及不良习惯矫正的策略的研究

（1）明确小学生形成不良行为习惯和"知行脱节"的原因及矫正策略。

（2）探索小学生良好行为习惯养成的规律、方法和途径。

（3）探索如何使家庭与学校配合，共同做好小学生良好行为习惯的养成教育工作。

3.健全学生行为习惯养成的监督评价机制的研究

二、开展形式多样的研究和教育活动

实践中，我们以探究内容和方法为基础，做了一些有益的尝试。

1.认知指导

培养学生良好的行为习惯应以"知"为基础，知是行的前提，行是对知的检验，知行统一才能形成习惯。根据学生争强好胜、表现欲强等特点，我们开展了多种活动，用集体的力量去磨炼他们的意志，让他们学会文明交往的基本礼仪。我校每个班级都确定了自己的口号和公约，以良好的班级精神引领班级同学积极向上，参与学校各项竞赛活动。因此，在培养学生良好行为习惯时，我们坚持以班队活动课、品德课教学、少先队活动、第二课堂活动等为阵地，以"红领巾广播台""班级板报""校道橱窗"等为信息窗口，采取环境熏陶、学习渗透、专题讲座、活动明理、游戏歌谣等丰富多彩的形式，强化学生的道德认知，如我校将《小学生守则》《小学生日常行为规范》《学生课堂常规》《行为规范三字歌》《文明礼仪三字歌》等改编成歌谣让学生记诵，这些歌谣节奏平稳，朗朗上口，好读易记。为此，我们还举行了《小学生日常行为规范》全校歌谣诵读比赛，促使学生有意识地关注自己的行为，对照规范查找自己的问题，有利于学生良好习惯的养成。（图3-4）

图3-4　仁里学子行为准则

2. 明确意义，激发动机

我们开展形式多样的活动，创设各种教育情境，如我校各班的主题班会、各类主题板报、法律知识讲座、感恩教育主题讲座、"仁里作文"活动、《三字经》和《千字文》传统文化诵读比赛、第二课堂兴趣活动等，近年来我校的学生积极向《肇庆教育报》投稿，各班设立了"图书角"，学生广结书缘，成立"书友会"，把有良好读书习惯的学生组织到一起，交流读书心得，畅谈人生理想，拓展阅读空间。还有的班级注重收集传统文化精髓——格言警句、优秀古诗文等，来扩大学生的知识面，感染学生的思想和灵魂。我们通过这些活动引导学生学会观察、体验社会生活，激发学生"追求真善美，培养高尚情操"的愿望和自我教育的动机，不断提高学生自我教育的能力。（图3-5、图3-6）

图 3-5　小提琴团训练

图 3-6　悦读

3. 建立一套完善学生行为习惯养成的评价机制

我们围绕学生行为习惯的十个方面，建立了一套完善的评价方案，分自评、互评、师评、家长评四个方面，对每名学生行为习惯的养成情况进行全面评价，并将测评结果纳入学生综合评价等级的评定。例如，三年级教师专门设计了"明星小队"的评比活动，根据学生良好习惯评价细目，分别从守纪、卫生、自护、礼仪等六方面进行竞赛，看哪一组能最先成为本班"明星小队"，这样不仅整合了团队的力量，使小组成员相互促进、相互提醒、相互监督，而且大大增强了小组内的合作共进精神。同时，每位课题组成员每个学期确定一至两名特殊学生，以教育案例的形式对他们进行转化教育，积累

自身教育经验。（图3-7）

图 3-7　文明班

4. 开展丰富多彩的实践活动，提升学生的素质

实践证明，真正的教育不在于说教，而在于训练，只有反复训练学生才能形成自然的、一贯的、稳定的动力定型，才能使学生形成良好的行为习惯。例如，为了培养学生良好的守纪习惯，学校把每学期开学的第一月定为行为习惯训练月，严格按照要求强化训练，一年级教师针对学生的年龄特点，在开学一个月内对学生进行课前准备习惯、上课习惯、作业习惯以及文具的整理和使用习惯等方面训练。训练学生的坐姿，要求他们记住六个字："头正、腰直、脚安。"教师与学生约定了一些常用口令，如"一、二、三！"学生就能习惯性地向前看，或是教师以特定的动作手势，如轻拍学生的后背，摆好手臂，示范正确坐姿提示学生，学生看到教师的手势动作就能端正坐好，不影响教师正常的教学秩序；学生写字时，教师常常提醒他们："写字做到……"，通过训练，学生立马回答"三个一"，并能迅速纠正不正确的姿势。经过反复提醒，多次训练，学生们就养成了正确的书写习惯了，如学校每年开展学雷锋活动月活动、重阳节敬老活动、清明节扫烈士墓活动、植树节活动、布置德育作业、"为父母做一件力所能及的事"等。学校德育处每学期都要根据不同的专题开展讲话活动，如每周的"国旗下讲话"讲习惯、讲长征精神、讲家乡名人故事等，让好习惯不知不觉地、悄悄地、一点一滴地渗透到学生的心田。通过参加实践体验活动，学生明白了不良卫生习惯的种种危害，并用心在体验中感悟生活，在感悟中明确如何做到知行统一，初步学会了

做人、做事和学习，从而促进了良好行为习惯的养成。（图 3-8～图 3-10）

图 3-8　参加公益劳动

图 3-9　跟孤寡老人聊聊天

（a）

（b）

图 3-10　敬老演出

5. 加强家庭、学校、社会的联动，形成教育合力

家长是学生行为习惯养成的第一任教师。家长的行为习惯、受教育程度、教育方式、教育态度等，都对学生行为习惯的养成起着至关重要的作用。因此，学校非常重视指导家庭教育工作，积极探索学校教育与家庭教育的合作途径，努力寻求家校合力，充分挖掘家庭教育的潜力，使其成为学校可持续发展的支持源。在此期间，每学期学校召开家长会，进行家访活动，向家长传输一些先进的家教理念，并邀请优秀的学生家长分享他们的教育经验，同时针对学生的具体问题，教师与家长共同研究，思考办法，解决教育疑难问题。学校每学期还邀请杏花镇派出所民警、司法所干部、法律顾问等到校举行法律知识讲座，让学生了解相关法律知识，增强责任意识。除此之外，我们要求全体课题组成员对所在班的学生，一年要进行一次家庭普访。针对许多学生家长外出务工的情况，我们要求课题组成员平时多通过电话与家长沟通交流，及时反馈学生在学校的表现。

6. 树立榜样，启发自觉

模仿是学生养成良好行为习惯的重要途径。教师应积极为学生树立榜样，通过榜样的表率作用使习惯变得"可见、可学、可仿、可行"。加里宁说："教师每天仿佛都蹲在一面镜子里，外面有几百双精细的、富于敏感的、善于窥视教师优缺点的孩子的眼睛。"是啊，一双双"精细的孩子的眼睛"在盯着我们教师。因此，教师在要求学生养成好习惯的同时，自己得首先做出榜样，做到身体力行。教师看到地上的纸屑主动弯腰拾起；骑车、走路自觉遵守交通规则；遇到学生，主动叫一声："某某同学你好"；在办公室，当学生把作业本送来，老师热情地对学生说："谢谢！"；课堂上，当学生帮老师擦干净讲台和黑板时，老师当着全班学生，说一声"谢谢大家"；课堂提问时，学生回答完问题，老师说："请坐下……"学生们喜欢模仿老师的一言一行，老师经常挂在嘴边的"谢谢""再见""您好"等礼貌用语，学生自然都看在眼里，印在心里。他们耳濡目染，也模仿着说起来，无论老师给学生送去什么，学生都会甜甜地说一声："谢谢老师！"在校园里遇到老师、同学，问早、问好、道再见，已成了同学们生活的口头语……身教重于言教，教师美的语言、美的行为蕴含着一种无穷的教育力量。学校举行的每次活动结束后，每学期的期末，每年的六一，学校都要进行总结，表彰奖励一批活动积极分子，如"友爱之星""明礼之星""行善之星""诚信之星""进步之星""才艺之星""仁里之星""阅读

之星""智慧之星""乐于助人之星"和优秀少先队员、拾金不昧分子、三好学生、优秀班干部、优秀学校干部等，在对他们表彰奖励的同时，通过各班教室的"班级之星"宣传栏、黑板报、广播、校会等媒介重点对他们的优秀事迹进行大力宣扬，让他们成为其他学生的榜样。（图3-11）

图 3-11 读书积极分子

三、课题研究的主要成果

两年多的课题实验在专家们的指导下，通过课题领导小组和全体实验教师的不懈努力，圆满地完成了各阶段的实验任务，取得了一定的研究成果。

（1）课题组分低、高两个年级段，研究学生良好学习习惯的培养措施、培养目标；通过学科教学相结合，研究各年级段、各学科良好学习习惯的培养策略。经过研究，课题组通过了解小学生良好学习习惯形成的轨迹，总结出了关于小学生良好学习习惯培养的有效途径与方法。

（2）课题组通过个案分析，了解和掌握学生学习的发展及变化情况，培养了他们良好的学习习惯。

（3）课题组成员的理论素养有了显著提高。所有课题组成员都能利用业余时间自觉学习新课程理论，积极参加各类培训和业务进修，并撰写相当数量的研究论文等。

2019 年 3 月 12 日

"知行统一、三教结合，培养农村小学生良好行为习惯
——青少年健康成长教育实践研究"

子课题"整合家、校、社，助力农村小学生良好行为习惯的养成"研究工作总结

学校、家庭和社会是教育的三大重要组成部分，学校德育实践做到"三教"结合，形成"以学校教育为主导，家庭教育为基础，社会教育为依托"的"三教"结合工作格局，实行课堂教学、课外活动、社会实践三位一体的运行机制，构建"纵向衔接、横向沟通、内外结合"的三维德育工作体系；坚持以人为本，配合学校教育，引导家庭教育，协调社会教育，让亲子之间，师生之间，家长、社区、村组干部群众与教师之间的关系更融洽，促进了学生良好行为习惯的形成，进而促进了学校教学质量的提高。

为更好地把学校教育与家庭教育、社会教育有机结合，使三者共同担负起育人的任务，促进农村小学生良好行为习惯的形成，学校课题组认真结合地方实际情况，积极开展"整合家、校、社，助力农村小学生良好行为习惯的形成"的探究，以下就开展的工作情况做总结回顾。

一、建立健全组织，大力构建家、校、社统一管理网络，优化育人氛围

拥有健全的组织是任何一项工作得以实施的重要保证。因此，我们本着理论联系实际的原则，分别建立了校内德育工作网络和校外德育工作网络。在校内，除建立一支由校长、女工委主任、德育主任、少先队大队部、年级组长、班主任等构成的德育工作队伍外，还建立了由学生干部组成的日常行为规范监督队伍；在校外，建立了一支由优秀家长、社区及村干部、辖区干警、"五老"同志等组成的热爱教育、热爱孩子的校外德育辅导队伍。这样，从领导、教师到学生，从老干部、优秀青年到热爱教育的家长，都被纳入了学校的德育管理网络，从而构建了一个全方位的、庞大的工作体系，有效保证了德育工作的全面开展。

学校成立了"三教"结合领导小组，组长由主管教育的镇领导担任，校长任副组长，成员包括学校班子成员、辖区派出所干警、村委会干部、"五老"同志等，形成从家庭到学校再到社区，村组上下联动，齐抓共管的良好局面。

学校成立了家长委员会，搭建沟通桥梁。家长委员会是学校教育、家庭教育和社会教育相结合的桥梁和纽带，其宗旨是沟通家长与学校，促进双方

的联系，听取家长的合理化建议，协助学校做好学生的教育工作，设计更多、更好的家、校、社三结合的工作网络载体，让家长了解并参与学校的教育教学工作，及时沟通学校与家庭的联系，解决教育中出现的问题。

二、健全管理机制，规范管理，促进德育实践活动常态化开展

为了形成一种激励机制来保障学校德育活动正常、深入地开展，在德育方面，学校建立了管理制度，即活动制度、信息反馈制度、考核制度；在家、校、社"三教"工作方面建立家长委员会制度，家长开放工作制度，"家长学校"监督、检查、反馈制度，家校联系制度。

通过实践，课题组充分证明了以上制度的实施是可行的、合理的、科学的，既保证了各项德育活动的顺利开展，激发了广大师生的积极性，又整合了社会、家庭对学生的教育力量，营造了家、校、社"三教"结合的大教育氛围，更好地促进了农村小学生良好行为习惯的形成。

三、开展德育实践活动，注重强化德育过程，促进良好行为习惯的形成

（1）打好德育的主战场——课堂教学。课堂是学生学习的主阵地，课堂教学不仅能向学生传授知识技能，还能帮助学生形成自己的知识结构、思维模式、心理品质和价值观念，以达到个性发展、健全高尚人格的目的。因此，我们把课堂教学看作是学生德育、益智、健身、审美、促劳的主渠道，充分依据各科教材，深入挖掘教材的思想教育内容，做到在传授知识的同时，进行适时的思想渗透。我们要求课题组成员平时认真学习德育文件，更新德育观念，注意自己的言行，做到平易近人、善解人意，平等地对待每一名学生，让每名学生形成积极自学的情感体验，以愉快的心情投入学习，从小立志做一个堂堂正正的人，做一个品学兼优的人。

（2）上好品德课、班会课。为了确保品德课、班会课的质量，学校要求教师认真备好课，上好每一堂课。

（3）发挥少先队大队部的职能作用，开展有益身心的第二课堂活动及常态性教育活动，寓思想教育于活动之中。学校规范升旗仪式，认真做好国旗下讲话。每周一次升旗，全体师生都要参加，仪式安排规范、严肃，讲话人员、讲话内容事先做好安排，内容均做记录，升旗仪式已成为我校德育教育的一道亮丽风景线。我们组织开展书画、朗诵、舞蹈、音乐、合唱、作文、体育等各兴趣小组活动，常态化开展尊师重教、敬老爱幼、学雷锋树新风、保护环境、热爱祖国、读书节等系列活动。活动具体有：二月，举行开学礼，

结合国旗下的讲话开展礼仪、文明、安全、尊师爱友等教育，教育学生尊敬师长、关爱同学，做文明礼貌小主人。三月，开展"学雷锋、树新风"活动，组织全镇师生开展学雷锋活动，大队部组织少先队员到杏花镇敬老院开展慰问老人活动，帮助老人打扫卫生，为老人讲故事并送上礼物；开展"植绿、护绿，我植树，我快乐"主题实践活动。四月，组织学生祭扫革命烈士、网上祭奠英烈活动，缅怀革命烈士，进行爱国主义教育；开展读书节系列活动，组织学生开展"红旗飘飘 引我成长"演讲及征文比赛。五月，开展爱国卫生教育，号召全校学生积极参加"校园是我家，清洁靠大家"活动；开展热爱劳动及勤俭节约教育活动；结合母亲节进行仁爱感恩教育；组织全校师生观看《厉害了，我的国》等纪录片；组织开展"不忘初心、牢记使命"主题班会。六月，开展庆六一暨仁里之星、读书节表彰会，日常行为三字歌朗诵比赛和六一游园会；结合父亲节进行仁爱感恩教育；开展"6·26国际禁毒日"系列活动；开展"6·30广东扶贫济困日"捐款活动。七月，开展"争分夺秒巧复习，勤学苦练创佳绩"表彰活动；九月，组织全镇小学上好开学第一课，开展尊师重教活动，组织制作"尊师重教"主题板报；开展"扫恶除黑"宣传教育活动；开展纪念孔子诞辰活动。十月，组织制作"庆国庆、贺中秋"专题板报并进行评比，开展"向国旗敬礼"系列爱国教育活动，加强了爱国主义教育；组织开展"争做新时代好队员——集结在星星火炬旗帜下"主题队日活动，举行入队仪式，开展队前教育第一课；重阳节组织少先队员带上礼物到敬老院慰问老人，并帮助老人打扫卫生为老人表演节目等。十一月，组织全镇小学"安全记心中"消防安全月活动，组织制作"消防安全"主题板报并进行评比，举行安全疏散应急演练。十二月，组织全校师生开展"全国法制宣传日"活动；组织学生参加"宪法在我心中"系列活动；组织开展艺术节活动；召开用电用气安全教育大会。一月，组织庆元旦系列活动，制作"元旦"主题板报，开展理想前途教育活动等。通过各项活动的开展，树立模范，以点带面，营造了良好的人文、艺术氛围，引领全镇学生积极锻炼自我，树立正确的人生观，养成良好的行为习惯。（图3-12~图3-14）

图 3-12　国旗下讲话：做一个仁爱求真之人

图 3-13　少先队主题活动（一）

图 3-14　少先队主题活动（二）

（4）坚持学校、家庭、社会三结合教育，充分发挥三结合教育的功能，助力农村小学生良好行为习惯的形成。

①每班成立了家长委员会，搭建沟通桥梁。家长委员会是学校教育、家庭教育和社会教育相结合的桥梁和纽带，其宗旨是沟通家长与学校的联系，学校听取家长的合理化建议，家长协助学校做好学生的教育工作，设计更多、更好的家、校、社三结合的工作网络载体，如印制《家校联系手册》（联系卡）、《小学生安全教育责任书》《致家长的一封信》等，让家长了解并参与学校的教育教学工作，及时与学校沟通，共同解决教育中出现的问题。

②中心校成立了"家长学校"，目的是提高家长素质。"家长学校"定期举办家庭教育培训班，开放"家长接待日"，对家长进行家庭教育理论与实践培训，每学期1~2次，讲座内容包括"如何与孩子沟通""关注孩子的心灵成长""自理能力的培养""家校结合强化行为教育""走进新课堂"等，让每位家长懂得家庭是孩子的第一课堂，家长是孩子的第一任老师，以此提高家长素质，更好地配合学校对学生进行教育。

③每班每学期召开一次以上的家长会，改革创新家长会，营造和谐育人氛围。（详见p85，3.相关内容）

④加强警校联系，实行警校共建，争取社会"多方力量"齐抓共管，加强法制教育。（详见p85，4.相关内容）

⑤架设一座"网桥"，构建家校一体德育网络。（详见p85，5.相关内容）

⑥加强社校共建，充分挖掘和利用社会资源教育影响学生。学校结合当地实际，因地取材，资源共享，如请劳动模范到校介绍先进事迹，组织学生清明节祭扫烈士墓，助残日捐款，到敬老院服务，协助有关部门进行"人口日""环境日""禁毒日"等宣传教育活动，与公安、文化部门开展"远离网吧，健康成长"教育活动等。课题组通过这些活动，促进了社会教育与学校教育的结合，让学生在接触社会的德育实践中，学到知识，受到教育。例如，2018年12月，我们组织五年级学生到杏花十二座（伍氏宗祠）开展"传承家风家训"社会实践教育活动，聘请"伍氏纯德公家训"讲解员——伍亦时老人作为本次教育活动的主讲人，让同学们进一步了解了伍氏纯德公家训，学习伍氏纯德公的修身处世、育人持家之道，号召同学们从自己做起，同家长一起积极践行良好的家风家训，树立社会主义文明新风尚。（图3-15、图3-16）

图 3-15　环境整治

图 3-16　"珍爱生命""远离毒品"宣传

⑦积极配合联合执法行动，努力优化育人环境。学校协调公安、工商、城管、文体、司法、交通等部门，落实工作责任制，加大学校周边地区环境秩序的综合治理力度，整治学校周边环境，维护周边治安。这些举措有效维护了学校正常的教学秩序以及学生的学习和生活秩序，创造了良好的育人环境，有助于学生良好行为习惯的形成。

⑧开展校外小组合作实践活动，实行开放式育人。学校有效利用家庭资源，让学生们走进社会、走进大自然。校外小组合作实践活动发动学生自主

组合，每个小组 4~6 人，选出小组长，利用双休日、节假日、寒暑假自主开展活动。学校制订活动方案，明确活动的时间、地点、内容和程序，供学生和家长选择、参考。每次活动由小组长组织全组成员共同讨论、合作确定活动的主题与内容，共同制订活动计划，分工做好活动的各项准备工作。活动的内容可以是钓鱼、劳动，也可以是参观、访问、植树以及科技制作等，使学校变封闭式为开放式办学，让学生走进社会，体验生活，增长知识，磨炼意志，树立正确的人生观、价值观，全面提高学生的综合素质。这项活动通过一名学生带动一个家庭，通过一个家庭带动一个社区、村组。少先队大队部每年组织活动小组走进敬老院为老人搞卫生活动，植树节期间组织户外植树活动，五一期间组织扫街道，寒暑假组织参加新农村建设等。

⑨社区关心下一代，不放弃任何一个问题学生。（详见 p86，8. 相关内容）

⑩积极开展心理健康辅导，开设心理健康教育课，加强学生心理健康教育，提高学生心理素质。各班认真上好心理健康课程，并把课程内容渗透到各学科中；积极开展学生心理调查，为学习成绩较差、心理脆弱、娇生惯养、劳动观念淡薄的学生建立个人档案，利用心理健康咨询室德育处对这些学生开展心理健康咨询及心理干预活动。社会、家庭、学校相互配合，坚持正确引导，重点扶持，积极排除学生的心理障碍，让他们感受到学校、家庭及社会的关怀与温暖，从而能正视现状，树立信心，健康活泼地成长。学校女工委每年都会组织高年级女生开展"我的青春我做主——心理健康、卫生知识教育"专题讲座，有效促进了女生身心健康的发展。

⑪积极开展比超活动，营造良好的班风、学风、校风，促进学生良好习惯的形成。学校开展"文明班""文明宿舍"评比活动，从清洁卫生、两操、晚修、晚睡、宿舍内务、平时礼仪等多方面考核，每月公布评比结果并给予表彰奖励，大大促进了良好班风、校风的形成。每月进行"书香满校园"书香班级评比活动，评出书香班级，树立榜样，营造了良好的读书氛围。学校开展了"优秀少先队员""仁里之星""诚信之星""感恩之星""拾金不昧好少年"等评选活动，为广大学生树立了榜样。（图 3-17）

同时，学校还培养了一批批能干的学生小干部，每天由他们值勤检查及评分，每月评奖并颁发流动红旗。通过这些措施和师生的共同努力，校园变得干净了，语言变得文明了，学生行为变得礼貌了，学生学习更加勤奋了，一个个班风良好、健康向上、团结互助的班集体也形成了。

图 3-17　争分夺秒

两年来，我校课题组切实结合地方实际，按照"整合家、校、社，助力农村小学生良好行为习惯的形成"的研究计划，积极深入地开展各项德育实践活动，在培养农村小学生良好行为习惯方面取得了较大的成绩，达到了预期的目标。在今后的教育教学工作中，我们将继续落实好德育的各项制度，整合家、校、社，积极开展好各项德育实践活动，及时做好各阶段总结，使德育管理工作更加规范化、科学化、现代化，进一步推动学校教育教学工作的和谐发展，更好地助力农村小学生良好行为习惯的形成。

中期总结如图 3-18 所示。

图 3-18　中期总结

2019 年 3 月 10 日

（5）个案积累。在课题研究过程中，个案材料的积累是课题研究中至关重要的一环，它是提炼成果的重要素材，也是成果的重要佐证材料，平时要注意收集、整理和归档。见表 3-1~ 表 3-4。

表 3-1　杏花镇中心小学良好行为习惯养成个案跟踪记录表（干预前）

班级：五（2）　　姓名：梁某某　　时间：2019 年 10 月

项目	实验前跟踪学生的情感态度、日常行为
学习状况	能自主对各学科进行学习，但对数学有畏难情绪，课外阅读量较少，没有课外阅读习惯
课堂情况	上课认真听课，能够对重点知识部分记笔记，同时认真思考，积极举手回答老师提出的问题
日常情况	能合理有效安排时间，有良好的生活习惯，每天坚持锻炼身体，能以身作则在班上起带头作用；回到家后能帮助家里做一些力所能及的家务活或田间劳动
家长反映	回家后能自主完成各科作业，在学习上不用担心，但是在家里对父母的态度很差，不愿意理会父母，很没礼貌。家里图书极少，很少见她看课外书
学生反映	在学习上，语文、英语感觉都很好，但是在数学上有畏难的心理，好像怎么努力都学不好；非常喜欢打篮球，经常打到忘乎所以；对家里的事感到非常烦恼，当别人提起家人时会感到非常自卑，因此很怕别人提起自己的家人

表 3-2　杏花镇中心小学良好行为习惯养成个案跟踪记录表（干预后）

班级：六（2）　　姓名：梁某某　　时间：2021 年 7 月

教育形式		教育内容
谈话式		对于她在数学中遇到的问题，我们指导她要学会课前预习，做好课后复习，还要厘清数学概念，多做练习题，不懂就问，这样学数学就不会有问题了。我们提示她要学会分清楚主次，锻炼身体可以，但不要过分，要合理安排时间。 树欲静而风不止，子欲养而亲不待。父母生养了你，十分不容易，虽然父亲有时会批评你不争气，但正是因为这样，你在学习上就更要努力学习，不能重走父亲的老路，将来你自己的子女才不会再出现这样的情况，要学会自强不息，不放弃；要懂得感恩，孝敬长辈，要讲礼貌。 此外，我们建议她要节约零用钱，多买一些课外读物或到学校图书室借书看，开阔视野，积累知识，养成读书习惯
教育效果	家长反映	她对父母的态度逐步改变，会主动跟父母打招呼，学会了感恩；在家里也时常看课外书，还写了一本读书笔记
	教师反映	在2020—2021学年县小学毕业班学科教学质量抽样评估中，她以总分317分被县重点中学——广信中学录取。其中，数学基础卷取得了86.5分（满分100分），附加题取得28分（满分30分）的好成绩
	学生反映	用了老师教的方法学习数学后，她觉得数学并没有想象中那么难了；知道学习的重要性后，学会了合理分配学习与打篮球的时间

表3-3 杏花镇中心小学良好行为习惯养成个案跟踪记录表（干预前）

班级：四（4） 姓名：伍某某 时间：2018年9月

项目	实验前跟踪学生的情感态度、日常行为
学习状况	四年级刚接手时发现她学习的积极性不高，学习欠缺方法，语、数、英三科成绩在80分左右，但字写得十分漂亮，有良好的书写习惯，引起了我的关注
课堂情况	课堂上，她认真听讲，但没有养成做笔记的习惯，也没有积极参与小组讨论，举手发言也比较少，胆小怕问
日常情况	日常生活中，她非常有礼貌，对同学非常友好，深得师生的喜爱，但比较粗心，经常会丢三落四，这个坏习惯影响了她身为班长的威信
家长反映	在家比较爱看电视，学习不够主动，经常要妈妈监督，只完成老师布置的作业，没有养成看课外书的习惯，知识比较单一
学生反映	同学反映她作为班长没有良好的阅读习惯，读书不带劲，声音不够响亮、拖尾，有时有学生捣蛋也不敢管，只顾自己，缺乏集体观念，缺少正气

表3-4 杏花镇中心小学良好行为习惯养成个案跟踪记录表（干预后）

班级：六（4） 姓名：伍某某 时间：2021年7月

教育形式		教育内容
谈话		帮助她明确学习目标，树立远大理想，同时引导她认识自己的优点和缺点，鼓励她发扬优点，改正缺点；再指导她制订学习计划，帮助她养成了自觉学习的良好习惯
监督		每天监督她的日常行为，发现错误立即纠正，并教她通过记事本的方法逐渐改掉粗心这个坏习惯
鼓励		鼓励她博览群书，给她推荐阅读书目，指导阅读方法，定时检查她的读书笔记，使她养成了良好的课外阅读习惯
教育效果	家长反映	在家能够自觉学习了，周末主动看课外书，还坚持每天看新闻，学习习惯明显改变了
	教师反映	养成了课堂认真做笔记，主动参与小组讨论，课后大胆向老师请教难题的习惯。在六年级毕业班学科教学质量抽样评估中她的语、数、英总分350分，排名乡镇第一，全县第五
	学生反映	班长养成了努力学习、独立思考、大胆质疑的学习习惯，做到了关心集体、乐于助人的品德习惯

（6）撰写论文或文章。研究人员要勤于记录自己的思考和探索。根据课题研究的心得体会撰写的论文、研究日记、教学日记、研究反思、研究策略等都是课题研究的成果，也是提炼成果的重要素材。

勤于动笔也是促进研究者快速成长的重要法宝。在笔者主持的省级重点课题中，有一位课题组成员沈玉琴老师，她在日常的教学与研究工作中写了很多论文，专业水平和理论素养得到了快速提升，在短短的三年里由一名普通老师成为省名校长工作室的助理。

（7）整理分析。研究过程中的各种原始材料，如调查问卷、课例、讲座音像、作业本、考卷、教案课件、听课记录、剪报等都要及时收集，并加以分析、总结、利用，做好分类归档和管理，为日后的结题做准备。资料的管理要求做到及时、常态、齐全、分类。

课题研究的各种资料很多，我们可以把它们分成六类来管理：

①计划性资料，如研究方案、研究总体计划、研究阶段（学期）计划、实验周进度安排等。

②基础性资料，如课题组成员基本情况表、研究对象的确定过程、研究对象的状况信息、研究对象的前测资料、调查问卷等。

③过程性资料，如实验教材、教学设计、课件设计、自制教具、测验试卷及效果分析、反思笔记、研究过程突发事件记录、课题组人员的听评课记录、研讨交流发言材料、会议记录等。

④专题性材料，如课题组成员培训学习的理论书籍、报刊、书报剪贴、学习笔记、研究日记和专家讲稿等。

⑤总结性资料，如课题研究阶段小结、中期总结、中期评估报告、研究人员个人的研究总结等。

案例

"仁里教育的探索与实践"研究中期检查报告

为贯彻落实《广东省教育发展"十三五"规划（2016—2020年）》，深入实施素质教育，加强学校教育教学研究，走学校内涵发展、特色发展之路，促进教育研究成果向实践转化，培育优秀教育教学成果，充分发挥学校的示范、辐射与带动作用，我校继2016年12月"仁里教育"方案——《书香润泽 仁智并育》荣获广东省中小学特色学校创建优秀方案二等奖后，积极申报并通过专家评审和答辩，2018年3月广东省教育研究院批准我校为广东省教育研究院基础教育研究实验基地学校，"仁里教育的探索与实践"作为我们研

究的主要项目，从启动研究至今已有一年多时间，也取得了一定成效，现总结如下。（图3-19）

图 3-19　实验基地牌匾

一、课题背景和问题分析

1. 教育形势要求

2010年8月，中共中央、国务院颁布实施的《国家中长期教育改革和发展规划纲要（2010—2020年）》明确指出，学校应"树立以提高质量为核心的教育发展观，注重教育内涵发展，鼓励学校办出特色、办出水平，出名师，育英才。"党的十八大以来，习近平就中华优秀传统文化的传承与弘扬多次做出重要指示，为新形势下加强优秀传统文化教育指明了方向，提供了强大动力。

2. 学校发展遇到困局

封开县杏花镇于2011年已通过广东省教育强镇督导评估，杏花镇中心小学2013年被评为规范化学校。学校虽然在管理上积累了一些经验，但在学校管理、教育理念、内涵发展等方面还欠缺经验，以致学校的发展停滞不前。

3. 学校发展的新契机

2015年9月，重新调整学校领导班子后，我们深感到学校要不断向前发展，学校的办学理念必须不断更新和完善，以增强全体师生员工的凝聚力、自信心和自豪感。

4. 仁里书院的启示

杏花镇历史悠久，文化底蕴深厚，享有"文化之乡"的美誉。从古至今，尊师重教蔚然成风，明嘉靖年间（1522—1566年）杏花镇就开办有社学。杏花镇中心小学前身为仁里书院，创办于道光二年（1822年），由时任封川知县（后任两广总督、四省巡抚）的程含章在杏花圩边筹款兴建，并亲笔题名"仁里书院"的门匾和楹联。据史料记载，仁里书院自创办以来可谓人才辈出：

光绪二十八年（1902 年）科举考试，封川县按规定只录取成绩前 10 名的考生为秀才，结果 10 人中有 5 人来自仁里书院，且为伍氏的五个亲兄弟，当地人称"五子登科"；民国时期伍耀新、伍穗新两兄弟，哥哥考上燕京大学（今北京大学），毕业后到省立西江中学任教，弟弟考上中山大学，毕业后先后任封川中学校长、封川县县长、并当选国大代表；中华人民共和国成立后，仁里书院也有学生考上中国人民大学、中山大学，有的攻读硕士、博士，有的成为华南师范大学的教授，有的成为政商界的成功人士……（图 3-20）

图 3-20　仁里书院文物

"仁里"一词出自《论语·里仁篇》，"仁"是儒家思想文化的核心内容。孔子把"仁"作为最高的道德原则、道德标准和道德境界。

杏花镇中心小学的地理环境与深厚的文化历史底蕴给了我们启发，由此我们提出"仁里教育的探索与实践"；古代书院崇德尚读，无一不洋溢着浓浓的书香之气，它启迪我们提出"书香润泽，仁智并育"的办学理念，激励学生从小修身立德、友爱包容、求真向上，把自己培养成有仁爱之德、知书达礼、德才兼备的现代合格小公民。

二、课题的研究目标和预期成果

（1）研究目标：通过仁里教育的探索与实践，打造仁爱和谐的仁里文化；造就一支"四有"仁里好老师；规划建设好仁里特色课程体系、评价体系；构建体现仁爱关怀、宽松和谐的"求真课堂"；开展仁爱教育活动，激励学生从小修身立德、友爱包容、求真向上，把自己培养成为有仁爱之德、知书达礼、德才兼备的现代合格小公民；打造特色学校教育品牌，促进学校不断发展。

（2）预期成果：项目研究结题报告、研究论文集、课件、教学实录、校刊、校本教材。

三、课题研究内容

（1）建设体现仁爱和谐、书香浓郁的"仁里校园文化"。

（2）建设"有理想信念、有道德情操、有扎实学识、有仁爱之心"的仁里之师。

（3）开展仁爱教育、仁里文化节活动。

（4）构建仁里特色课程体系和评价体系。

（5）构建体现仁爱关怀、宽松和谐的"求真课堂"。

四、课题研究进展情况

经过一年多的研究与实践，我们已初步完成了以下几项工作。

1. 初步完成了仁里校园文化建设

通过张挂仁里楹联，建设仁里杏园，布置仁里楼道文化、走廊文化、墙体文化、班级文化、塑像文化、仁里文物陈列、好书推荐、传统美德指引等主题文化，营造仁爱熏陶、书香满园的校园文化。（图 3-21）

图 3-21 仁里校园

2. 仁爱教育活动常态化

近一年来，学校的德育工作重点就是进行仁爱教育。学校定期开展形式多样、内容丰富多彩的教育活动，如开展中华传统文化经典诵读、行善感恩主题演讲、优良家风学习、参加新农村建设、"十个一"实践活动（每天坚持一小时的体育锻炼，每天做一件家务劳动，每天做一件善事，每星期讲一个传统美德小故事，每星期做一件尊老爱幼的好事，每星期背诵一篇经典诗文，每月读一本好书，每月看一部优秀影视片，每学期参加一次调查走访或公益小活动，每学期给老师、父母写一封感恩的信）以及"仁里之星"评选等。我们通过这些活动，让学生在日常学习与生活实践中受到熏陶，得到教育，有所感悟，促进他们道德品质的内化和道德习惯的养成。

3. 求真课堂的探索扎实进行

经过实践，我们初步形成了求真课堂"启·探·练·评·结"五步教学法模式，努力构建体现仁爱关怀、宽松和谐的"求真课堂"。

4. 仁里文化节定期举办

我们把每年的4月23日至5月23日定为学校一年一度的读书文化节。通过开展好书推荐、读书心得交流会、古诗文知识竞赛、朗诵比赛、读书成果展览、书香班级和"读书之星"评比等活动，促进书香校园建设，培养学生的阅读习惯。我们在每年的10月份举办仁里作文节，通过邀请作家开讲座、开展作文知识竞赛、诗歌美文大赛和编辑《仁里作文》等活动，以课内教学与课外活动相结合的方式，让学生在学习和活动中积累写作知识，掌握写作技巧，体验写作乐趣。我们在每年的6月会开展一次快乐英语节活动，通过系列主题活动，营造语言氛围，开阔学生视野，培养学生情趣，激发学习兴趣，提高学生语言表达能力，促进学生和谐发展。我们在每年的11月举办仁里体育节，践行"健康第一，学习第二"的育人理念，在确保学生每天坚持一小时体育锻炼的同时，面向全体学生开展丰富多彩的体育活动，激发学生的运动兴趣，培养学生终身体育的意识，养成坚持体育锻炼的习惯，促进学生在身体、心理和社会适应能力等方面健康、和谐地发展。我们在每年的12月举行仁里艺术节活动，促进学校社团活动的开展，让学生发展特长、展现自我。

5. "仁里之师"建设稳步推进

习近平在与北师大师生座谈时说："一个人遇到好老师是人生的幸运，一个学校拥有好老师是学校的光荣，一个民族源源不断涌现出一批又一批好老师则是民族的希望。"他还提出了"四有"好老师的标准：有理想信念，有道德情操，有扎实学识，有仁爱之心。我校把这"四有"标准作为教师培养的目标和评选"仁里之师"的标准。通过师德师风教育、专题讲座、师徒结对、示范引领、走出去请进来等方式提高教师的综合素养。

五、课题研究的阶段性成果

经过一年多的实践，我们主要取得了以下几个成果。

1. 仁爱教育活动特色初现

我校 2018 年 1 月被评为肇庆市中华优秀传统文化教育特色学校（首批）。肇庆教育号、肇庆文明网分别报道了我校的仁爱教育特色活动。

2. 阳光体育活动成效初显

学校男、女子足球队分别荣获 2018 年封开县"县长杯"中小学生足球赛第八名。

3. 编办好仁里刊物

我们结合学校的办学特色，组织骨干教师编写了校本教材《仁爱求真 快乐成长》，每年级一册，分上、下两学期编排内容，将学校的仁里文化教育与德育常规内容进行融合，作为品德学科的一个补充教材。同时，我们编辑出版了校报《求真报》，每学期两期，宣传报道仁里教育成果，为师生的学习交流与展现自我提供平台。

4. 教育教学成果初显

大部分教师的教育观念得到更新，其理论水平、业务水平得到提升，1 人被评为肇庆市优秀班主任，2 人被评为县优秀德育工作者，10 人被分别评为县优秀教师、优秀班主任、教研教改积极分子，87 人次在省市县论文评选、赛课、晒课和教学基本功比赛中荣获一、二、三等奖，8 人的教学论文在《肇庆教育》《课程教育研究》等期刊上发表，并出版个人专著 1 部。（图 3-22）

图 3-22　研究专著

六、课题研究的困难

目前，我们虽然做了一些扎实、有效的研究工作，并取得了阶段性的成果，但在实际研究工作中也遇到了一些困难，主要是部分教师由于初涉课题研究，能力有限，使得课程的开发进度缓慢；又或者因为教育理念相对滞后，大家对求真课堂探索与实践的主动意识不强，影响了个别学科特色课堂教学模式的构建。

七、需要提供的帮助

为了更好地开展项目研究，顺利完成预定的研究任务和目标，我们需要一些课程开发方面的指导和帮助。

八、课题研究的下一步计划

（1）加强理论学习和对外交流，提高教师队伍尤其是研究队伍的业务水平和研究能力。

（2）按照预定的研究目标做好后续的研究工作，重点是构建仁里特色课程体系和评价体系，以及探索"求真课堂"在语数英各个学科中的开展。

（3）完善研究过程的相关数据及材料的整理归档工作。

（4）做好课题论文撰写工作，为结题做准备。

2019 年 3 月 25 日

⑥成果性资料。一是学生的成果资料，如学生竞赛（小发明）获奖证书、小制作（小发明）实物、发表作品、音像等；二是课题组成员的成果资料，如各级公开课（优质课）获奖证书（音像带、光盘）、教学设计、课件、自制教具、发表文章和论文、论著等；三是课题组、学校取得的成果，如课题研究方案、调查报告、专题分析报告、研究报告、成果报告、研究论文集、自编教材等。

三、总结阶段

在课题总结阶段主要做好四项工作，即综合整理分析材料，对研究结果进行总结，得出结论性意见，形成课题研究成果；撰写研究论文、结题报告、成果报告；编印论文集、编写校本教材；整理课件、课例音像、获奖证书等各种资料，为鉴定验收做准备。

案例

中央教育科学研究所"十一五"重点科研课题《传统文化与语文教学》

子课题《开展课外阅读，提高山区小学生语文素养的研究》实验结题报告

　　《开展课外阅读，提高山区小学生语文素养的研究》是中央教育科学研究所（以下简称中央教科所，今中国教育科学研究院）"十一五"重点科研课题《传统文化与语文教学》的子课题。2007年10月，我校经中央教科所《传统文化与语文教学》总课题组审定批准立项并开展实验研究工作。在市、县各级教育部门领导的关怀和总课题组姜心悦老师等有关专家的指导下，经过本校课题组全体成员和全校师生三年多的努力，课题实验如期完成并取得了一定的成果。（图3-23～图3-25）

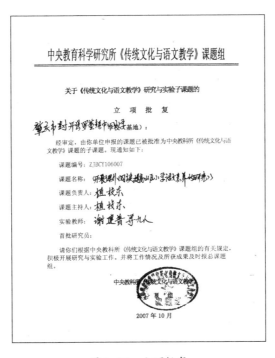

图3-23　立项批复

一、课题研究背景概述

　　中华民族历史悠久，传统文化源远流长，博大精深，是整个东方文化的重要标志和世界历史文化宝库中的重要遗产，对人类的发展做出了不可磨灭

的贡献。语文作为中华民族传统文化的载体，承载着民族精神和民族灵魂。作为基础学科的语文必须适应时代需求，贯彻党和国家的教育方针，按照课程标准的要求，进行系统的改革，更新教学理念，改革教学内容和方法，提高学生的语文素养，促进学生的终身发展。

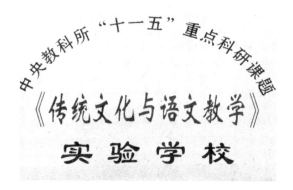

图 3-24　实验学校牌匾

《全日制义务教育语文课程标准（实验稿）》规定：小学生的课外阅读总量不少于 145 万字，背诵优秀诗文 160 篇（段）。纵观整个小学阶段，一名学生掌握的课文不过 300 篇，几十万字，即使学生学得再好，所得也非常有限。同时，课程标准对各学段学生的阅读量提出了具体的要求：低年级不少于 5 万字，中年级不少于 40 万字，高年级不少于 100 万字，也就是说在小学毕业时，学生的阅读量应不少于 145 万字。而山区小学生要想达到课标的要求是有一定的难度的，特别是山区的农村学生难度更大，主要原因有以下几点：

（1）无书可读。由于条件限制，很少有农村家长给孩子买书。我们在 2006 年的调查中发现能给孩子买书的家长不足 10%，而且给孩子买的书大多数都以《小学生作文选》为主。

（2）无时间读书。现在课程安排比较紧张，学生没时间读书，在校的时间自习课也很少。从现状来看，目前的小学生一天学习时间都被安排得"丝丝入扣"，哪怕是双休日，也有一大堆的作业要完成，想要抽出比较充裕的时间进行课外阅读，的确并不容易。学生晚上回家有时间，但又被写作业占去了大部分。

（3）无兴趣读书。书上的文字远不如动画片吸引人，学生的阅读兴趣不高。

基于以上思考，我们提出了"开展课外阅读，提高山区小学生语文素养的研究"的实验研究专题，旨在探索通过课外阅读弘扬中华传统文化，充分发挥语文学科实施人文素质教育的特殊功能；通过广泛的阅读，了解祖国的山川之美、民俗之美、历史之美和传统之美，让学生畅游在祖国灿烂的文化长河之中；全面提高语文素养，不断积累语文知识。

二、课题实验的理论依据

著名教育家叶圣陶曾说，要养成一种习惯必须经过反复的历练。必须在国文教本以外再看其他的书，越多越好。这段话告诉我们：要培养学生的阅读能力，特别是帮助他们养成阅读习惯，仅靠四十分钟的阅读教学课是远远不够的，必须将阅读延伸到课外，以此作为课内阅读的补充和延续。可见，要提高学生的语文素质，丰富他们的语文素养，只有通过阅读；要建构一个坚固而雄伟的语文素养金字塔，必须有大量而广博的课外阅读作为坚实的基石已不容置疑。

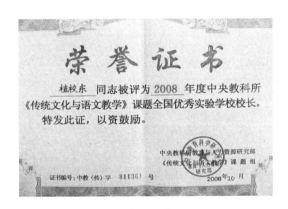

图 3-25　优秀实验学校校长证书

（1）课程标准要求。《义务教育语文课程标准（2011 年版）》指出："努力建设开放而有活力的语文课程。""培养学生广泛的阅读兴趣，扩大阅读面，增加阅读量提高阅读品位。提倡少做题，多读书，好读书，读好书，读整本的书。"同时，新课程标准还对各年级段的课外阅读总量提出了明确要求。

（2）多元智能理论。加德纳的多元智能理论告诉我们，由于每个人的智能组合方式不同，因而人与人之间的差异是客观存在的，知识基础、学习能力、个性倾向性等方面的不同，导致个体学习兴趣、学习方式、学习效率等的明显差异，因此要适应方式，才能有效地获取、掌握知识技能。

（3）建构主义学习理论。建构主义心理学认为学习是学习者与文本之间的交互作用，学习是学习者在教师指导下凭借自己原有的信息进行选择、加工、重组，用现有的认识结构去"同化"或"顺应"外部世界的过程。而学生只有通过自身的操作活动和主动参与观察、思考、探索，才能有效地完成教学目标，使用相应的思想方法，建立优化高效的学习策略，从而培养学生独立获取知识的能力、创造性地运用知识的能力和解决问题的能力。自主实践的学习方式不仅有利于学生完成认知方面的自我建构，而且有利于学生在情意方面的熏陶和发展。

（4）"相似论"观点。"相似论"认为，学生头脑中储存的相似信息单元（相似块）越多，就越有利于选择、匹配、激活阅读材料中的相似信息，学生对阅读的感悟也越深刻。

（5）"滋养说"观点。传统语文教学重视博览、诵读、精思、背诵，让学生接受丰富的滋养，进而具备扎实的语文功底。"滋养说"是本教学研究的理论支撑点之一。

图 3-26　优秀实验学校校长证书

三、课题的研究进程

（一）明确课题研究的意义

从本课题立项伊始，我们就组织课题组教师学习相关的理论和文献资料，统一思想，提高认识，特别引导教师认识到中华民族是一个历来注重文明教化的民族，中华优秀传统文化作为宝贵的精神食粮，沉积着一个伟大民族不灭的精魂。所以，我们认为，即使到了 21 世纪，我们仍然要学习，要继承和弘扬中华民族优秀传统文化，让学生形成具有中国特色的世界观、人生观和价值观。为了达到这一目的，仅仅依靠课堂是不够的，而要把课内与课外紧密结合起来，充分利用一切可以利用的渠道、机会和资源，重视引导学生开展课外阅读，加强课外阅读指导。课外阅读是语文教学的重要组成部分，对帮助学生巩固课内知识，提高口语交际、习作等语文素养有着重要的意义。

图 3-27　优秀实验学校校长证书

（二）制订方案，组织实施

根据以上的教育教学理论，我们结合学校实际制订了该课题的实验研究方案。该方案主要针对当前山区小学生课外阅读存在的"三无"（无书可读、无时间读书、无兴趣读书）问题，着力提高学生的"三自"（自觉读书、自能读书、自谈读书）、"四有"（有所积累、有所感悟、有所发现、有所创新）能力。我们的具体做法如下。

1. 统一布置，选好读物

按照我们原定的实施方案，我们有计划地帮助学生选择适合他们阅读水平、对于他们身心发展具有积极作用的课外读物。在选择课外读物时，我们主要考虑几方面的内容：①选择的读物在内容上与学生的生活密切相关；②选择的读物与学生的精神世界息息相通；③课内与课外结合。鉴于此，我们为学生选择了一份合适的读物——《小学生拼音报》。《小学生拼音报》汇集了国内教育、心理专家、语言文字专家、小语教学专家和儿童文学专家的共同智慧，打造出的小学生课外阅读的品牌读物，包含名篇名著阅读、课文拓展阅读、读写训练阅读、科普阅读、新闻阅读、创新阅读、开心阅读等丰富多彩、生动活泼的阅读板块，为学生提供了营养全面的阅读大餐。《小学生拼音报》激发了学生的阅读兴趣，帮助学生养成了良好的阅读习惯，让他们在阅读中陶冶性情，增长知识，提高能力。

此外，我们还不断充实学校图书室藏书，结合各年级学生年龄和心理特点，定期向学生推荐阅读书目，让学生有书可读。

图 3-28　优秀实验学校证书

2. 布置书香教室，营造阅读氛围

为了让学生有更多的阅读机会，我们在教室设置了"小小图书角"，动员学生把自己喜爱的有益读物存放到班级的图书角，让大家一有空就相互传阅，这样就保证了学生有足够的材料和时间来进行阅读。同时，我们还利用学校图书室、开放式书廊、家庭所购图书等资源开展课外阅读，在教室的墙壁设置作品栏，经常展出学生摘录的笔记、读后感和手抄报等作品，营造课外阅读环境，丰富学生的课外阅读。另外，我们还在班级中进行课外知识练习、百科知识竞赛，引导学生学以致用；在全校召开读书情况介绍及经验交流会、举办读书日记（低年级举办绘画日记）、读书手抄报展览、读书心得演讲比赛等。我们通过这些活动形式使学生对读书、读报产生浓厚的兴趣。

图 3-29　优秀实验学校证书

3. 展示阅读成果，培养阅读习惯

小学生年龄小，性情不稳定，为了使学生对课外阅读爱不释手，并养成良好的阅读习惯，我们开展了丰富多彩的读书活动，让他们有机会展示自己课外阅读的成果，获得成功的喜悦。在实践中，我们尽可能让学生人手一份报纸，每周开设一节读拼音报的阅读课。课外，我们让学生自由看报，通过小组交流，选出小组长汇报读报的心得体会，并选出"读报大王"。我们利用早读课、班会课，开展"诗文朗诵比赛""名人格言交流会""小脚丫走天下""经典品读""小试法槌"等活动。这些交流活动既反馈了学生课外阅读的情况，也提高了学生的口头表达能力。我们还给每个学生发了一本课外阅读笔记本——"学海拾贝"，把有效的阅读方法印在本子上，并留下空白，让学生把好词好句摘录在本子上。

4. 开展晨读午读，诵读经典诗词

学校通过组织学生"二读"（晨读、午读），大力开展诵读经典诗词活动。"晨读""午读"要求学生在到校后至上课前的 15 分钟里，自由背诵由学校统一推荐的经典古诗文。学校每学期都会举办诗歌文朗诵比赛。

5. 举办阅读活动，共享读书之乐

学校定期举办阅读节活动，阅读节为期一个月，以班级、校级为单位开展，每期阅读节的主题都与"共建书香校园，同享阅读快乐"有关。

（1）班级活动。

①各班出一期读书主题黑板报，布置"书香教室"，营造读书氛围。

②开展"希望读书"行动，每个学生为班级图书角捐一本自己的书就可以读到其他同学捐来的书。

③各班组织一次以"我读书，我快乐"为主题的手抄报比赛，每班选出10 份优秀手抄报展评。

④组织 3~5 年级的学生写读书心得，每班评出 5 篇，年级评出一、二、三等奖。

⑤每周阅读时都进行阅读交流，交流的形式可以多种多样。

⑥各年级组、语文教研组协调组织，每个年级准备一节优秀阅读交流展示课。

图 3-30　优秀实验学校证书

（2）校级活动。

①评选"读书小明星""书香班级"。评比方法：各年级、各班先自评，每班推荐 5 名"读书小明星"参加学校评比，参评的"小明星"每人须上报一份自荐材料，展示自己在读书方面的经历和取得的成绩。

②办好"我在书香校园中成长"宣传板报和读书成果展览，以班级为单位，把年级的手抄报、学生优秀作文、读后感、读书记录卡、名言书签等通过展板形式在学校的宣传栏、宣传橱窗展出。

③做好"点燃读书激情，共建书香校园"阅读节总结表彰活动。

④设立"知识窗"，通过小窗口认识大世界，坚持每日一答，培养学生收集信息和积累知识的习惯及能力。

图 3-31　中期评估证书

6. 订阅传统文化读本，丰厚文化沉淀

（1）订阅课题选修培训教材。

为了更好地开展《传统文化与语文教学》的研究工作，学校为实验教师订阅了总课题组编写的选修培训教材和中国经典文化阅读丛书，将教师的自修与培训相结合。学校课题组通过课题培训教材对实验教师进行每月一次的定期课题培训，提高实验教师的语文素养，丰富教师的文化底蕴，以便他们更好地开展课题研究工作，有效地指导学生开展课外阅读，学习中华民族的传统文化。

（2）订阅《读懂中国》《新读写》等文化读本。

中华传统文化博大精深，承载其精髓的传统文化典籍浩如烟海。在小学语文教材中，"把传统文化等同于几首古诗、几篇古文"这种定式还有待突破，传统文化的教育依旧任重道远，在小学语文教材中增加传统文化的内容已经到了刻不容缓的地步。为此，我们为学生订阅了《读懂中国》《新读写》《中国民俗大观》《弟子规》等文化读本，充分利用这些文化读本，向学生进行广泛的传统文化教育，并根据传统文化的特点在语文课堂教学中组织教学，逐步实践，总结经验，遵循语文学习规律，培养学生的文化意识，提高学生的语文素养，使学生了解到我国传统文化的博大精深，体会到学习优秀传统文化的乐趣。

（三）以点带面，全面铺开

实验研究是教育科研，不是毫无计划的盲打蛮干，必须是符合时代要求的教育、教学理论指导，循序渐进，按部就班地进行。实验研究初期，我们先在最初选定的二（2）、三（1）、四（1）、四（9）四个实验班级内进行，通过实验班的试验，让教师们初步明确了实验研究的方向，更从实验班暴露出来的问题中吸取教训，推动学校各班开展课外阅读。截至2009年9月，该课题推广到全校的28个班，使已取得的经验和阶段成果在更多的班级、更多的学生中应用推广。

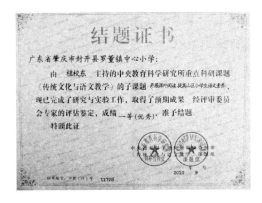

图 3-32　结题证书

四、实验研究的组织和管理

（一）成立课题研究管理机构

在实验研究过程中，我们成立了以植校东校长为组长的课题研究领导小组和实验小组，聘请市、县教研室领导和教研员为顾问，指导课题研究工作的开展；成立实验研究小组、实验检测小组和资料档案管理小组，详细编制学年实验计划，确定课题研究的重点和指导方向；组织课题研究实施，科学管理科研经费，为课题研究提供物质和信息资料；组织课题研究和推广工作，并对课题研究有贡献的人员予以奖励。

（二）建立课题档案管理制度

在实验过程中，我们成立了档案小组，及时把各种研究资料分类归档，具体包括资质类、文件类、制度类、记录类、成果类、荣誉类、特色类。如此一来，本课题研究更科学、更规范，提高了研究的信度和效度。

图 3-33　封开县科学技术二等奖证书

五、课题研究的结论

我们的课题实验结果表明：开展课外阅读，对提高山区小学生的语文素养是十分必要、可行和有效的。

（一）培养了学生自觉阅读的良好习惯，丰富了学生的文学涵养和语文素养

2007年9月（课题研究开展前）和2010年5月（课题研究开展两年半后）同一个实验班和同一个对比班的两次学生课外阅读情况调查，见表3-5和表3-6。

表3-5　学生课外阅读情况调查表

调查时间：2007年9月　　　　　　　　　　　　　　　单位：人

班别	人数	有课外书情况					对课外阅读的认识程度		
		20本以上	10~19本	5~9本	1~4本	没有	重要	不重要	可有可无
实验班	52	0	0	2	3	47	11	18	23
对比班	54	0	0	0	5	48	8	12	34

表3-6　学生课外阅读情况调查表

调查时间：2010年5月　　　　　　　　　　　　　　　单位：人

班别	人数	坚持每天课外阅读人数	有课外书情况					对课外阅读的认识程度		
			20本以上	10~19本	5~9本	1~4本	没有	重要	不重要	可有可无
实验班	52	45	12	23	13	4	0	52	0	0
对比班	54	12	0	0	5	8	31	15	10	29

从表中可以看出，通过本课题的研究，学生无论从课外书的持有量，还是对课外阅读的认识程度都有了较大的提升，完全摆脱了农村小学生无书可读、无兴趣读书、无时间读书的问题，提高了学生好读书、读好书的兴趣，使学生养成了自觉读书的良好习惯。通过本课题的研究，我们还探索了农村小学生课外阅读的指导策略，有效解决了农村小学生重写轻读、重听轻说弊端的同时，有目的地引导了学生开展课外阅读，提高了学生的文学涵养和语文素养。当前，我国在构建和谐社会、实践社会主义荣辱观的教育中，需要有效地提高全民的文化素养，而阅读是主要形式，开展本课题的研究，为构建学习型社会、造就学习型公民提供了研究借鉴。

（二）丰富学生知识，提高学生语文能力

我们通过课题研究的开展，树立了学生读书的信心，培养了学生读书的

兴趣。课外阅读能使学生娱乐身心，既能带给学生一种喜悦与满足，又能使学生获得知识，启发他们的想象和创造，使他们享受探求的快乐，积累和吸取优秀文化营养，感悟、积累、运用语言，形成文化的沉淀，逐步构建自己的文化体系。下面是我校的一个实验班和一个对比班在 2007 年 7 月课题研究开展前和 2010 年 7 月课题研究开展三年后的期末考试情况（见表 3-7、表 3-8）。从表中可以看出，学生的考试成绩前后对比，平均分提高了 14.5 分，合格率提高了 21.2%，优秀率提高了 30.8%，而对比班的变化却不明显。在各类的语文知识竞赛中，实验班学生的能力也明显优于对比班学生，见表 3-9。事实证明，开展本课题研究，能够丰富学生的知识，拓宽学生视野，促进学生语文能力的提高。

表 3-7　学生成绩情况调查表（语文科）

调查时间：2007 年 5 月

班别	人数	总分	平均分	合格人数	合格率（%）	优秀率（90分以上）（%）
实验班	52	3052	58.7	38	73	5.7
对比班	54	3040	56.3	35	64.8	7.4

表 3-8　学生成绩情况调查表（语文科）

调查时间：2010 年 7 月

班别	人数	总分	平均分	合格人数	合格率（%）	优秀率（90分以上）（%）
实验班	52	3806	73.2	49	94.2	36.5
对比班	54	3229	59.8	37	68.5	9.3

表 3-9　全校学生语文知识（作文）竞赛获奖（发表）情况统计表　（篇）

时间	班别	县级	市级	省级	国家级	合计
实验前（2004年9月—2007年9月）	实验班	5	2	0	0	7
	对比班	5	1	0	0	6
实验后（2007年10月—2010年10月）	实验班	29	7	0	3	39
	对比班	12	1	0	0	13

（三）提高了教师的科研能力和教学水平

开展课题研究是提升教师素质的重要手段。在课题实验研究过程中，我们始终把教师的理论学习和业务培训摆在重要位置，加深实验教师对新一轮课程改革的认识，帮助教师树立"大语文教学"观念。令人惊喜的是，教师的教育教学理念不但得到了更新，而且逐步将新理念内化为个人自觉的教学行为，并将教学实践中的经验、体会撰写为科研论文、教学设计、教学案例，实现理论的升华，从中反思，进而更好地指导研究与实践。在《传统文化与语文教学》总课题组优秀科研成果征集活动中，我校课题组5篇论文获全国一等奖，9篇论文在《中小学教育》《小学语文教学》《中国科技教育》《肇庆教育研究》等各级期刊上发表。在《传统文化与语文教学》课题研究过程中，叶锦智、黎炘平、彭泽坚、杨火娇、肖静、黎洁容、李雪云7位老师被中央教科所评为全国优秀实验教师；谢建普被中央教科所评为全国优秀学术指导；植校东校长连续三年被中央教科所评为全国优秀实验学校校长；我校也连续三年被中央教科所评为全国优秀实验学校，连续三年在封开县中小学教学教研工作考核中获一等奖。我校的课题研究在校内形成良好的教研氛围，也激发了广大教师的教改热情，提高了教学的质量，近年来共有近50篇论文发表、获奖。总之，以课题研究为载体，是教师培训和教师专业成长的有效模式。教师们在实践中学会了研究，掌握了课题研究的基本理论与基本方法，教研意识、科研能力和教学水平都有明显提升。见表3-10～表3-13。

表3-10　教师论文发表、获奖情况统计表

时间	获奖篇数	发表篇数
实验前（2004年9月—2007年9月）	县级：11，市级：2，省级：0，国家级：0 合计：13	县级：2，市级：0，省级：0，国家级：0 合计：2
实验后（2007年10—2010年10月）	县级：23，市级：5，省级：11，国家级：9 合计：48	县级：4市，级：2省，级：5，国家级：15 合计：26

六、课题研究的不足与设想

（一）不足之处

（1）负责实验的教师缺乏理论和实践经验，在实验过程中的量化测试、资料积累等方面都还做得比较欠缺，需要投入更多的时间和精力。

（2）农村经济的相对落后和农村学生家长观念的相对滞后，也给课题研究工作的有效开展带来一定的影响。

（二）今后设想

（1）进一步整理好科研论文、教学案例、校本教材等，收归档案备查。

（2）加强对阅读教学的探讨，多组织学校内的研讨课、示范课，将实验成果在全镇学校进行推广。

（3）加强教师培训，组织实验教师到校外不断吸取先进经验，提高教师的语文素养和教学业务水平。

2010 年 12 月

一、学校获奖情况（统计时间为课题研究开展后）

表 3-11　研究成果（效果）一览表

授予时间	获得称号	级别	授予单位	获得者
2008年1月	学校岗位目标考核一等奖	县级	封开县教育局	学校
2008年6月	征文组织奖	县级	中共封开县委宣传部	学校
2008年9月	教学教研工作先进学校	县级	封开县教育局	学校
2008年10月	优秀实验学校	国家级	中央教科所与人力资源研究部	学校
2009年1月	学校岗位目标考核一等奖	县级	封开县教育局	学校
2009年9月	教育教研管理一等奖	县级	封开县教育局	学校
2009年10月	优秀实验学校	国家级	中央教科所与人力资源研究部	学校
2010年10月	优秀实验学校	国家级	中央教科所与人力资源研究部	学校
2010年12月	教学教研综合考核一等奖	县级	封开县教育局	学校
2010年12月	语文先进科组	县级	封开县教育局	语文科组

二、教师获奖情况（统计时间为课题研究开展后，不含教师在各级刊物发表文章的情况）

表 3-12

授予时间	获得称号	级别	授予单位	获得者
2008年1月	论文二等奖	市级	肇庆市教育学会	植校东
2008年1月	论文三等奖	县级	封开县教育学会	肖　静
2008年1月	论文三等奖	县级	封开县教育学会	彭相图
2008年8月	优质课比赛优秀奖	县级	封开县教育局、教育学会	吕金兰

授予时间	获得称号	级别	授予单位	获得者
2008年9月	肇庆市基础教育系统首批学科带头人	市级	肇庆市委市政府	植校东
2008年10月	优秀实验教师	国家级	中央教科所与人力资源研究部	黎炘平
2008年10月	优秀实验教师	国家级	中央教科所与人力资源研究部	肖 静
2008年10月	优秀实验教师	国家级	中央教科所与人力资源研究部	黎洁容
2008年10月	优秀学术指导	国家级	中央教科所与人力资源研究部	谢建普
2008年10月	优秀实验学校校长	国家级	中央教科所与人力资源研究部	植校东
2008年11月	论文二等奖	省级	广东省教育学会	彭相图
2008年11月	论文三等奖	省级	广东省教育学会	植校东
2008年11月	论文三等奖	省级	广东省教育学会	明浩然
2008年11月	论文三等奖	省级	广东省教育学会	肖 立
2008年12月	论文二等奖	市级	肇庆市教育学会	植校东
2009年2月	论文二等奖	市级	肇庆市教育学会	植校东
2009年8月	教学设计三等奖	省级	广东省教育学会	龙子桃
2009年8月	教学设计三等奖	省级	广东省教育学会	彭彩凤
2009年10月	论文优秀奖	省级	广东省教育学会	彭泽坚
2009年10月	论文三等奖	省级	广东省教育学会	彭相图
2009年10月	优秀学术指导	国家级	中央教科所与人力资源研究部	谢建普
2009年10月	优秀实验学校校长	国家级	中央教科所与人力资源研究部	植校东
2009年10月	优秀实验教师	国家级	中央教科所与人力资源研究部	黎洁容
2009年10月	优秀实验教师	国家级	中央教科所与人力资源研究部	彭泽坚
2009年10月	优秀实验教师	国家级	中央教科所与人力资源研究部	杨火娇
2009年10月	优秀实验教师	国家级	中央教科所与人力资源研究部	李雪云
2009年10月	优秀实验教师	国家级	中央教科所与人力资源研究部	肖 静
2009年10月	优秀实验教师	国家级	中央教科所与人力资源研究部	叶锦智
2009年12月	论文一等奖	市级	肇庆市教育学会小学语文专业委员会	植校东
2009年12月	论文二等奖	市级	肇庆市教育学会	植校东
2009年12月	论文二等奖	市级	肇庆市中小学英语教研会	孔海云
2009年12月	论文二等奖	市级	肇庆市教育学会	植校东

授予时间	获得称号	级别	授予单位	获得者
2009年12月	论文三等奖	市级	肇庆市教育学会	肖　静
2009年12月	论文一等奖	县级	封开县教育局、教育学会	植校东
2009年12月	论文一等奖	县级	封开县教育局、教育学会	彭相图
2009年12月	论文一等奖	县级	封开县教育局、教育学会	彭彩凤
2009年12月	论文一等奖	县级	封开县教育局、教育学会	吕金兰
2009年12月	论文一等奖	县级	封开县教育局、教育学会	孔海云
2009年12月	论文二等奖	县级	封开县教育局、教育学会	黎洁容
2009年12月	论文二等奖	县级	封开县教育局、教育学会	肖　静
2009年12月	论文二等奖	县级	封开县教育局、教育学会	肖　静
2009年12月	论文二等奖	县级	封开县教育局、教育学会	聂世华
2009年12月	论文三等奖	县级	封开县教育局、教育学会	孔小树
2009年12月	论文三等奖	县级	封开县教育局、教育学会	童健煌
2009年12月	论文三等奖	县级	封开县教育局、教育学会	练少锐
2009年12月	论文三等奖	县级	封开县教育局、教育学会	肖　立
2009年12月	论文三等奖	县级	封开县教育学会	林水清
2009年12月	论文三等奖	县级	封开县教育学会	林水清
2010年1月	论文一等奖	国家级	中国教育学会	植校东
2010年6月	论文优秀奖	省级	广东省中小学校长培训中心	植校东
2010年8月	广东省教育科研成果一等奖	省级	广东省教育学会	植校东
2010年9月	肇庆市基础教育系统第二批名教师	市级	肇庆市委市政府	植校东
2010年9月	广东省小学特级教师	省级	广东省人民政府	植校东
2010年10月	优秀实验学校校长	国家级	中央教科所与人力资源研究部	植校东
2010年10月	优秀实验教师	国家级	中央教科所与人力资源研究部	肖　静
2010年10月	优秀实验教师	国家级	中央教科所与人力资源研究部	黎洁容
2010年10月	论文一等奖	国家级	中央教科所与人力资源研究部	肖　静
2010年10月	论文一等奖	国家级	中央教科所与人力资源研究部	黎洁容
2010年10月	论文一等奖	国家级	中央教科所与人力资源研究部	谢建普
2010年10月	论文一等奖	国家级	中央教科所与人力资源研究部	植校东
2010年10月	论文一等奖	国家级	中央教科所与人力资源研究部	植校东

三、学生获奖情况（统计时间为课题研究开展后）

表3—13

授予时间	获得称号	级别	授予单位	获得者
2007年10月	征文比赛一等奖	县级	共青团封开县委员会	黎嘉欣
2007年10月	征文比赛二等奖	县级	共青团封开县委员会	童金妹
2007年10月	征文比赛三等奖	县级	共青团封开县委员会	陈彩珍
2007年10月	征文比赛三等奖	县级	共青团封开县委员会	黎小云
2007年10月	征文比赛三等奖	县级	共青团封开县委员会	袁美娟
2007年10月	征文比赛三等奖	县级	共青团封开县委员会	伍俊豪
2008年6月	征文比赛三等奖	县级	中共封开县委宣传部	谢月詹
2009年1月	五年级读写竞赛一等奖	市级	肇庆市教育局教研室	植展图
2009年1月	五年级读写竞赛二等奖	市级	肇庆市教育局教研室	卢晓莹
2009年1月	五年级读写竞赛二等奖	市级	肇庆市教育局教研室	梁杰芳
2009年1月	五年级读写竞赛三等奖	县级	封开县教育局教研室	童晓梅
2009年12月	语文竞赛二等奖	市级	肇庆市教育学会	聂烨芳
2009年12月	语文竞赛三等奖	市级	肇庆市教育学会	李丽珊
2010年1月	语文竞赛三等奖	市级	肇庆市教育局教研室	高碧霞
2010年1月	语文竞赛三等奖	市级	肇庆市教育局教研室	李 桃
2010年1月	语文竞赛三等奖	县级	封开县教育局教研室	龙金文
2010年1月	语文竞赛三等奖	县级	封开县教育局教研室	袁清梅
2010年1月	语文竞赛三等奖	县级	封开县教育局教研室	孔明慧
2010年1月	语文竞赛三等奖	县级	封开县教育局教研室	卢海花
2010年1月	语文竞赛三等奖	县级	封开县教育局教研室	袁结培
2010年1月	语文竞赛二等奖	县级	封开县教育局教研室	童秀霞
2010年1月	语文竞赛二等奖	县级	封开县教育局教研室	蒙达彬
2010年9月	"广信嘉园"杯征文比赛一等奖	县级	封开县教育局	陈静仪
2010年9月	"广信嘉园"杯征文比赛二等奖	县级	封开县教育局	李银英
2010年9月	"广信嘉园"杯征文比赛三等奖	县级	封开县教育局	刘丽琪
2010年9月	"广信嘉园"杯征文比赛三等奖	县级	封开县教育局	黎洁梅

授予时间	获得称号	级别	授予单位	获得者
2010年9月	"广信嘉园"杯征文比赛三等奖	县级	封开县教育局	卢海花
2010年9月	"广信嘉园"杯征文比赛优胜奖	县级	封开县教育局	童　茵
2010年9月	"广信嘉园"杯征文比赛优胜奖	县级	封开县教育局	欧彩燕
2010年9月	"广信嘉园"杯征文比赛优胜奖	县级	封开县教育局	孔金仪
2010年9月	"广信嘉园"杯征文比赛优胜奖	县级	封开县教育局	明　娟
2010年9月	"广信嘉园"杯征文比赛优胜奖	县级	封开县教育局	植水芳
2010年9月	"广信嘉园"杯征文比赛优胜奖	县级	封开县教育局	李　桃
2010年9月	"广信嘉园"杯征文比赛优胜奖	县级	封开县教育局	聂烨芳
2010年12月	全国小学生语文能力竞赛三等奖	国家级	语文学习报社	杨　洋
2010年12月	全国小学生语文能力竞赛三等奖	国家级	语文学习报社	童锡彦
2010年12月	全国小学生语文能力竞赛三等奖	国家级	语文学习报社	孔金霞

图 3-34　封开县科学技术进步奖二等奖证书

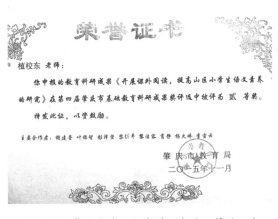

图 3-35　肇庆市基础教育科研成果二等奖证书

四、鉴定推广阶段

这是课题研究的收官阶段，有三项工作要做好。

首先是申请结题鉴定。一是要做好结题验收的资料准备，包括课题申请书、课题研究方案、立项通知书、阶段小结、中期评估报告、研究报告、论文论著等成果以及支撑成果的佐证材料、课题研究过程的其他相关材料等。二是向课题立项部门申请结题鉴定，按要求报送课题结题申请书、课题研究方案、课题结题报告、课题研究报告、课题成果鉴定书和有关附件材料。

📖 案例

广东省教育科研"十三五"规划 2017 年度中小学教师教育能力提升计划项目重点课题"知行统一、三教结合，培养农村小学生良好行为习惯
——青少年健康成长教育实践研究"
结题报告

2017 年 3 月，笔者主持的广东省教育科研"十三五"规划 2017 年度中小学教师教育能力提升计划项目重点课题"知行统一、三教结合，培养农村小学生良好行为习惯——青少年健康成长教育实践研究"经广东省教育科学规划领导小组办公室批准立项并开始研究工作。在省市县教育部门的领导和有关专家的悉心指导下，历时三年多，在课题组教师和学生的共同努力下，课题研究顺利完成并取得了一定的成果，现把三年来的研究情况总结如下。

图 3-36　结题报告会

一、研究的背景和意义

2004 年 2 月 26 日中共中央、国务院下发的《关于进一步加强和改进未成年人思想道德建设的若干意见》中提出，从规范行为习惯做起，培养良好的道德品质和文明行为是未成年人思想道德建设的主要任务。党的十七届六中全会审议通过的《中共中央关于深化文化体制改革、推动社会主义文化大发展大繁荣若干重大问题的决定》也指出，全面加强学校德育体系建设，构建学校、家庭、社会紧密协作的教育网络，动员社会各方面共同做好青少年思想道德教育工作。《国家中长期教育改革和发展规划纲要（2010-2020年）》指出："注重品行培养，激发学习兴趣，培育健康体魄，养成良好习惯。""充分发挥家庭教育在青少年成长过程中的重要作用……培养子女的良好习惯。""树立系统培养观念，推进小学、中学、大学有机衔接，教学、科研、实践紧密结合，学校、家庭、社会密切配合，加强学校之间、校企之间、学校与科研机构之间合作以及中外合作等多种联合培养方式，形成体系开放、机制灵活、渠道互通、选择多样的人才培养体制。""注重知行统一。坚持教育教学与生产劳动、社会实践相结合。"

我校处于广东省偏远山区的农村，经济和文化都相对比较落后。大多数家长文化素质普遍比较低，缺乏对子女的养成教育。特别是近几年来，随着素质教育的进一步实施、新旧观念的冲突，农村留守儿童的日益增多，农村小学教育出现了令人担忧的问题。例如，在少年儿童中普遍出现了衣着随意、行为霸道、没有礼貌、随地扔垃圾、言行不文明、上课不认真（不专心听讲、不做笔记、不用心思考、不积极发言、不进行学习反思等）、作业不完成、写字不工整、课前不预习、课后不复习、课外不阅读……缺乏良好的行为习惯、卫生习惯、学习习惯。而良好行为习惯的养成必须从儿童时期开始，习惯养得好，终身受其福；习惯养不好，则终生受其累。为此，我们根据本校学生实际情况，确立了"知行统一、三教结合，培养农村小学生良好行为习惯——青少年健康成长教育实践研究"的课题研究，旨在探索山区农村小学生良好行为习惯养成教育的有效方法，尤其是探索如何坚持知行统一的教育原则，通过整合学校、家庭、社会三个平台的教育力量（如加强与社区、镇关工委的联系，聘请司法所长、派出所干警、"五老"同志、返乡大学生和热心家长为学校法制副校长、校外辅导员，有计划地请他们到学校开讲座、做报告，组织各种实践教育活动；定期邀请他们到校召开座谈会，与教师们共同探讨当前小学生思想道德教育的方式方法，办好"家长学校"，营造学校、家庭和社会三位一体的教育氛围……），多渠道、全方位地促进学生养成良好的行为习惯、卫生习惯、学习习惯，从而有效地建设良好的校风和学风，促进学生健全人格的形成，促进学校教育教学质量的提高。

二、研究的学术价值

我国古代伟大的教育家孔子曾说："少成若天性，习惯成自然。"智者的呼声警示着从事基础教育工作的我们：良好的行为习惯将是一个人成功和成才的基础。探索培养学生良好行为习惯教育的途径和方法，对提高学生的素质有着极其重要的作用，尤其是从"坚持知行统一的教育原则，通过整合学校、家庭、社会（社区）三个平台的教育力量"的角度，去探索多渠道、全方位促进山区农村小学生良好行为习惯养成的方法，能有效地建设良好的校风和学风，从而促进学生健康成长，提高学校教育教学质量。

三、研究的现状概述

"如何培养学生的良好行为习惯"已引起国内外教育机构和广大教育工作者的重视，他们为此不懈地努力并取得瞩目的成绩。

在国外，有关这方面的研究开展较早，已经有一些影响广泛的理论成果。但这些理论一般都注重儿童道德认知和道德情感等方面的研究，而忽视行为习惯的研究。它们大都以一些设计精巧的实验为基础，内容涉及儿童道德发展过程中的知、情、意、行等内容，如瑞士学者皮亚杰提出儿童道德认知发展理论（详细研究了儿童道德判断的发展和形成），还有柯尔伯格的儿童道德认知发展理论（对皮亚杰的理论进行了进一步研究），着重研究了儿童道德认知问题。苏联心理学家关于儿童羞愧感的研究，则着重研究了儿童道德情感的发展问题。国外的这些研究成果，为我们的研究提供了可资借鉴的理论基础和研究方法。

在国内，中国青少年研究中心"少年儿童行为习惯与人格的关系研究"课题组经过几年的努力，陆续出版了课题研究的系列成果。这些成果主要包括《儿童教育就是培养好习惯》《小学生的21个好习惯》《好习惯好人生》《培养幼儿好习惯》《中学生习惯养成策略》《习惯养成精彩活动集》《培养一个真正的人》《良好习惯是健康人格之基》等专著。他们主要的研究结论和观点，如下：

（1）从总体上看，少年儿童在日常的学习和生活中养成一系列基本的做人、做事和学习的良好习惯，对他们的健康人格形成具有重大意义。养成良好习惯能促进少年儿童基本素质的提高；养成良好习惯是少年儿童能力的重要生长点；某些良好习惯的养成对某些人格特质有促进作用，这些良好习惯的积累、泛化、整合、升华，必将对少年儿童健全人格的发展和形成产生重大影响，为少年儿童身心的全面发展奠定坚实的基础。

（2）习惯培养的总体原则是尽可能多地养成积极（良好）的习惯；在培养动作性习惯的同时，要注重智慧性习惯的培养；在培养传统性习惯的同时，要注重时代性习惯的培养；在培养个体性习惯的同时，要注重社会性习惯的培养。

（3）在习惯培养的过程中，既要关注习惯养成的共性，也要关注习惯养成的差异性。

（4）习惯培养是一个由被动到主动再到自动的过程，在这个过程中，要关注两个转化：由被动到主动的转化，由主动再到自动的转化。

（5）在习惯培养过程中，要把良好习惯的培养与不良习惯的矫正相结合；习惯培养的基本方法之一是加减法（正强化和负强化），即培养好习惯用加法，矫正不良习惯用减法……

砂渠镇学校的詹碧芸老师在《浅谈农村小学生行为习惯养成教育》一文中指出，农村小学生行为习惯的养成教育要从日常生活、学习中的细节做起，从实事入手，以活动为载体，从细微处评价……

潍坊市诸城市石桥子镇朱苏铺小学的付桂云老师则认为，低年级学生的良好行为习惯，要通过各种竞赛，通过得小五角星初步养成；中年级学生，要利用行为规范养成自律……

但是，他们大多数都是从学校自身教育的角度，以及通过学科渗透、专题教育、制度约束、榜样示范、校园活动、校园文化等途径去培养小学生的良好行为习惯，而对家庭教育和社会教育的力量的重视不够，对学生这个主体在实践体验感悟中逐渐内化自律、逐渐形成习惯这一重要途径的重视也不够。

四、研究的理论依据

1. 知行统一观

知与行的统一是马克思主义认识论、实践论的基本要求。知是行的基础，行是知的目的和归宿。

自古以来，中国有不少教育家虽然对教育目的、任务持有不同见解，但都重视知行统一的原则。孔子要求弟子"讷于言而敏于行"（《论语·里仁篇》），认为"言而过其行"（《论语·宪问篇》）是可耻的。墨子提出"强力而行"，认为"士虽有学，而行为本焉"（《墨子·修身》）。南宋诗人陆游在《冬夜读书示子聿》中说："古人学问无遗力，少壮工夫老始成。纸上得来终觉浅，绝知此事要躬行。"明代著名思想家王阳明认为，知行关系，也就是指的道德意识和道德践履的关系，也包括一些思想意念和实际行动的关系。他还强调，知中有行，行中有知。知是行之始，行是知之成。……这些均反映了古代教育家注意行为实践的思想。

1937年，毛泽东在《实践论》中把马克思主义哲学关于认识和实践统一的理论总结为实践、认识、再实践、再认识。这种形式循环往复以至无穷，而实践和认识的每一循环内容，都较之前达到了高一级的程度。

2. 心理学原理

心理学认为人具有先天的优良潜能，教育的作用在于使人的先天潜能得以实现。良好行为习惯的培养正是以学生为本，是学生探索、认识、肯定和发展自己的一种方式，是在学生掌握知识技能的同时，逐渐自然习得的。这是一个创造的过程。它着眼学生的现在，关注学生的未来。

3. 名人教育观

叶圣陶曾说："什么是教育？简单一句话，就是要养成良好的习惯。"并指出：我们社会主义社会的教育，就是要培养学生在社会主义社会里生活的一切良好习惯。在德育方面，要养成待人处事和工作的良好习惯；在智育方面，要养成寻求知识和熟悉技能的良好习惯；在体育方面，要养成保护并促进身体健康的良好习惯。

著名教育家、儿童心理学家陈鹤琴说："人类的动作十之八九是习惯，而这种习惯大部分是在幼年时期养成的，所以在幼年时代，应特别注意习惯的养成。但习惯不是一律的，有好有坏。习惯养得好，终生受其福，习惯养得不好，则终生受其累。"

我国古代伟大的教育家孔子提出：少成若天性，习惯成自然。正所谓拥有好习惯，失败不容易；拥有坏习惯，成功不容易。

法国启蒙思想家、哲学家卢梭在《爱弥儿》一书中指出："在儿童时期没有养成思想的习惯，将使他从此以后一生都没有思想的能力。"

英国哲学家培根说过："习惯真是一种顽强而巨大的力量，它可以主宰人的一生，因此，人从幼年起就应该通过教育培养一种良好的习惯。"

英国作家萨克雷说过："播种行为，收获习惯；播种习惯，收获性格；播种性格，收获命运。"

4. 现代大教育观

《国家中长期教育改革和发展规划纲要（2010-2020年）》提出要发挥家庭教育的重要作用，将德育渗透到家庭教育和制定家庭教育法。《人民教育》杂志社总编、中国家庭教育学会副会长傅国亮认为，学校教育、家庭教育和社会教育这"三教"构成了现代教育的主要内容，或者也叫作"大教育观"。一个现代的教育观，它就要强调学校教育、家庭教育和社会教育的紧密结合，否则就是不完全的教育。

五、课题的核心概念与界定

"知"是知识、认识，"行"是行为实践，"知行统一"是思想、认识与实践行为相一致。知与行的统一，是马克思主义认识论、实践论的基本要求，是德育的原则之一。知是行的基础，行是知的目的和归宿。

"三教"主要指学校教育、家庭教育和社会教育。一个大教育观，一个现代的教育观，它强调学校教育、家庭教育和社会教育的紧密结合，否则就是不完全的教育。

据《现代汉语词典》的解释，"习惯"是常常接触某种新的情况而逐渐适应"在长时期里逐渐养成的，一时不容易改变的行为、倾向或社会风尚"。按照习惯的性质和层次水平，它可以分为动作性习惯和智慧性习惯；依照人们日常活动的领域，可以分为生活习惯、学习习惯、工作习惯、交往习惯等；依据习惯对于人健康成长的价值和作用，可以分为良好习惯和不良习惯。有学者也认为，良好行为习惯是指以人的发展为本，充分体现时代发展与个性特点要求，在生活和教育中形成的符合各类生活守则、遵循代表社会和时代先进方向、社会公德的稳定而持久的行为。

因此，本课题就是遵循知行统一的德育原则，通过整合学校、家庭、社会（社区）三个平台的教育力量，多渠道、全方位地帮助农村小学生养成有利于自身健康成长的行为习惯，从而有效地建设良好的校风和学风，促进学校教育教学质量的提高。

六、研究的总体框架和基本内容，拟达到的目标

1.总体架构和基本内容

（1）农村小学生行为习惯现状及其成因。

（2）培养农村小学生良好行为习惯的途径和方法。

2.拟达到的目标

（1）研究准备阶段：完成调查报告《农村小学生行为习惯的现状及其成因分析》和研究方案。

（2）研究实施阶段：完成子课题"培养农村小学生良好行为习惯的途径和方法"和"整合家、校、社，助力农村小学生良好行为习惯的养成"的研究，完成研究论文集《培养农村小学生良好行为习惯的途径和方法》。

（3）结题验收阶段：完成研究报告《知行统一、三教结合，培养农村小学生良好行为习惯——青少年健康成长教育实践研究》。

（4）总体目标：完成论文集和研究报告《知行统一、三教结合，培养农村小学生良好行为习惯——青少年健康成长教育实践研究》，争取成果获市级以上奖励，并通过县教育部门将研究成果向其他农村学校推广。

七、拟突破的重点、拟解决的关键问题及主要创新之处

1.拟突破的重点、拟解决的关键问题

本课题拟突破的重点、拟解决的关键问题是在培养农村小学生良好行为习惯的教育活动中，如何做到知行统一，如何整合"三教"（学校、家庭和社会社区的教育）的力量。

2.主要创新之处

（1）整合"三教"的教育力量，促进农村小学生良好行为习惯的养成。

（2）坚持知行统一的教育观点，让学生在"学习道理—实践体验—再学习道理—再实践感悟"的一系列循环往复的教育活动中，不断修正自己的行为，内化成自律，最终养成良好的行为习惯。

八、研究的思路与方法

在研究过程中，我们坚持"分析—实践—反思—重构—实践—总结"这一研究思路，在教学实践中边思考分析，边反思调整，边改进总结，把"培养农村小学生良好行为习惯"这一教育目标渗透到教育教学及其活动中，不断提升教师的育人水平，充分发挥教师的引领作用，使学生从小养成良好的行为习惯。

本课题所采用的研究方法主要有：

（1）问卷调查法：了解掌握学生的行为习惯、心理活动，了解学生在各时段的真实信息以及发展水平，收集成资料数据，并做进一步分析、处理、实践与研究。

（2）访谈法：为进一步了解实验对象的真实情况，特别是心理情况，直接找实验对象进行面谈，从而获得资料和反馈信息。

（3）个案法：建立典型实验对象的全程档案，作为实验评估和改进实验的依据。

（4）观察记录法：在实验活动时，对实验的对象进行观察，并将其反应记录下来，作为研究、评价的资料和信息。

（5）行为训练法：对实验对象有针对性地进行单项行为习惯训练和专题教育实践（如低年级进行仪表整洁、物品摆放、坐姿写姿、听讲朗读、举手发言、文明礼貌、垃圾入桶等训练；中年级进行打扫清洁、书写工整、卷面整洁、课前预习、课堂倾听、交流发言、做好笔记等训练；高年级进行合作交流、学习反思、阅读积累、爱护公物、保护环境、文明用餐、安静就寝、整理寝室、敬老爱老、参与公益等训练），以达到矫正或提高的目的。

（6）思想教育法：在开展实验研究前或过程中，对学生进行思想教育（如开展"明礼守法讲美德""衣着整洁人精神""孝亲尊师善待人""诚实守信有担当""好学多问肯钻研""力争读遍万卷书""爱护公物我做起""珍惜粮食不浪费""珍爱生命保安全"等主题班会、队会和专题教育讲座），以提高其思想认识。

（7）经验总结法：在探索小学生养成良好行为习惯的有效途径与方法的

同时，认真总结经验和规律，不断提高和创新。

九、研究的对象

本课题研究的对象为杏花镇、南丰镇（南丰镇中心小学北校区）、信宜市（第五小学、教育城小学）三地农村小学生。

十、研究步骤和计划

（1）研究准备阶段（2017年3月—2017年4月）：完成调查问卷、走访学生家庭、对农村小学生行为习惯的现状及成因进行分析，制订研究方案等。

（2）研究实施阶段（2017年5月—2018年12月）：举行开题仪式、全面开展课题研究、做好阶段小结和中期评估、按需调整研究或实验策略、撰写论文、做好资料的整理和归档，完成阶段性成果等。

（3）结题验收阶段（2019年1月—2019年3月）：做好课题总结、完成研究报告、申请结题验收。

十一、研究的主要措施

1. 科学分工，明确职责

研究伊始，我们首先成立课题组，课题组成员包括学校行政、中层和青年骨干教师。笔者担任组长，负责策划及指导开展此项研究活动，确保课题研究工作顺利进行。副组长为主管教学的陈炳文副校长，负责协调、组织与开展各种实践活动。研究教师则按研究的子课题分成三组，每组设小组长，每组研究教师在小组长的带领下负责子课题研究的调查、信息反馈与分析、资料收集与整理、活动组织与总结等工作，从而确保整个研究工作有序、高效。

2. 寻求支持与合作

寻求支持与合作有多种途径：一是通过县、市教育部门的协调，争取肇庆学院教师教育学院和肇庆市教育局教学教研室的帮助、支持与合作；二是聘请肇庆学院教师教育学院肖晓玛博士、肇庆市教育局教学教研室伦仲潮主任（小学副高级教师）为课题顾问、学术指导，为课题研究保驾护航；三是邀请本县、外市兄弟学校的两位副高级教师——植红梅（封开县南丰镇中心小学）、叶荣森（信宜市第五小学校长、广东省第七批小学特级教师、广东省小学首批副高级教师、广东省新一轮"百千万人才培养工程"首批小学名校长培养对象）参与本课题的研究，增强研究的力量。

3. 制订研究实施方案

我们首先制订了课题研究的实施方案，然后根据这个方案再制订每个学期的计划。在学期计划中，按学段制订比较明确的内容和方法，确保活动的管理科学化、内容合理化、形式多样化。

4.做好研究的前期工作

前期工作包括查阅、分析网络、报刊书籍中的相关资料，了解清楚本课题的国内外研究现状、成果与不足。研究工作开始前，我们对杏花镇、南丰镇（南丰镇中心小学北校区）、信宜市（第五小学、教育城小学）三地的农村小学生的行为习惯现状进行问卷调查，分析其行为习惯的成因等，为后续的研究工作做了很好的铺垫。

5.加强研究队伍的培训

我们为每位教师购买了一套研究学习的参考资料，资料包括《新时期中小学养成教育教程》《习惯决定孩子一生》《小学生学习习惯关键培养》《杰出青少年的七个习惯》《杰出青少年构建内心世界的 5 个坐标》《班主任兵法》《班主任工作漫谈》《成功无捷径：第 56 号教室的奇迹》《法治护航，快乐成长》等，定期开展理论学习。为了使课题研究顺利实施，我们先后几次对参与课题研究的教师进行集中培训，笔者亲自授课。通过培训，使课题组成员明确了研究的方向、研究的主题、研究的目标以及课题实施的阶段和步骤。同时，我们通过共同制订阶段研究计划、做好阶段小结、组织研讨交流、总结分享等活动，提高研究成员的研究水平。（图 3-37）

图 3-37 理论学习

6.建设好三支队伍，发挥三个渠道的育人作用

我们通过召开教师会议、学生干部会议、家长座谈会，聘请"五老"同

志、社会志愿者为校外辅导员，让教师成为习惯教育的主力军，让学生成为自我管理的小主人，让家长、"五老"同志、社会志愿者成为学校教育的同盟军。构建起学校、家庭、社会三结合教育网络，建立全员育人机制，形成教育合力，进行全员育人，全方位促进学生良好习惯的养成。例如，我们邀请了当地派出所干警深入学校、深入课堂，与学生面对面交流，为学生好法制教育课，教育学生从小遵纪守法、规范言行；通过开展家访、请家长到校参与学校活动等，加强家校合作，加强沟通，达成共识，引导家长树立正确的家庭教育观，帮助孩子养成良好的行为习惯。原来思想表现较差、无心学习、有小偷小摸陋习的学生，通过学校老师、民警、家长、关工委老同志的多方教育后转变得尤其快，在校能够听从老师的教导，在家接受监护人的教育，改变了过去的坏习惯，成为关心同学、不贪小便宜的好同学。（图3-38）

图3-38 志愿者进校宣讲

7. 做好"三结合"，使课题研究渗透到育人全过程

"三结合"有三个方面的内容：一是课题研究与学校德育工作相结合，着力培养学生良好的行为习惯；二是课题研究与日常教学工作相结合，着力培养学生良好的学习习惯；三是课题研究与学生家庭生活、社会交往相结合，着力培养学生良好的生活习惯、交际习惯、礼仪习惯。我们通过"三结合"提高教育实效。

（1）开展"十个一"等实践活动。"十个一"活动为每天坚持一小时的体育锻炼，每天做一件家务劳动，每天做一件善事，每星期讲一个传统美德小故事，每星期做一件尊老爱幼的好事，每星期背诵一篇经典诗文，每月读一本好书，每月看一部优秀影视片，每学期参加一次调查走访或公益小活动，每学期给老师、父母写一封感恩的信。我们通过这些活动，让学生在日常生活实践中受到熏陶，有所感悟，促进其道德品质的内化和道德习惯的养成。（图3-39、图3-40）

图3-39　祭孔活动

图3-40　缅怀先烈

（2）开展榜样示范活动。学校通过评比仁里之师（有理想信念、有道德情操、有扎实学识、有仁爱之心的"四有"好老师）、"仁里之星"（礼仪之星、阅读之星、感恩之星、行善少年、雷锋少年等）和文明班级、书香班级的评选等活动，为学生树立榜样，通过榜样的表率作用使学生良好行为习惯的养成教育变得"可见、可学、可仿、可行"。（图3-41）

图 3-41　读书节启动仪式

（3）为了更好地培养小学生良好的行为习惯，我们分年级设计了学生好习惯培养一览表，张挂在每班教室，让学生对照标准，学习养成。我们还组织课题组老师编写了《日常行为三字歌》《日常行为童谣》，方便小学生阅读、传唱、记忆。同时，我们还举行了校级《日常行为三字歌》《日常行为童谣》诵唱比赛。学校通过开展比赛，增强了学生的自律意识，规范了他们的言行，努力把他们培养成为一个个品学兼优的好学生。（图3-42～图3-45）

图 3-42　参加环境保洁活动

图 3-43　参加环境保洁活动

图 3-44　全国优秀征文二等奖

图 3-45　全国优秀征文二等奖

（4）为使小学生从小懂得尊老爱幼，学会感恩，我们每月组织学生到杏花镇敬老院开展敬老爱老活动，如给老人们打扫卫生、讲故事、送礼物……同时，我们结合一些节日，开展一系列感恩活动，如清明节开展祭扫烈士墓活动；结合"母亲节""父亲节"开展"听父母的话，做个好孩子"活动；结合"扶贫济困日"，我们开展了"献爱心"活动；结合6·26禁毒日，我们开展了"珍惜生命，拒绝毒品"教育活动；结合五一、六一、七一、八一、九九重阳节、十一等节日开展爱国、爱党、爱军和感恩敬老活动，如"红旗飘飘，引我成长"演讲，向国旗敬礼，"童心向党"征文比赛，交通安全手抄报设计评比，以及组织学生到封开县传统文化教育实践基地——杏花镇水斗村开展家风家训学习活动……（图3-46～图3-48）

图3-46　走访敬老院

图3-47　"五老"同志进行家风家训宣讲

图 3-48　进村演出

（5）我们组织部分骨干教师编写了校本教材《仁爱求真 快乐成长》，把培养学生良好行为习惯与学校仁里文化教育有机结合起来，使学生在学习传统文化的过程中自我感悟和内省，养成良好习惯，形成传统美德。

8.营造好校园文化氛围

我们通过建设书香校园，打造仁里教育特色文化（校园文化、班级文化、制度文化等），发挥文化引领作用，促进学生良好行为习惯的养成。（图3-49）

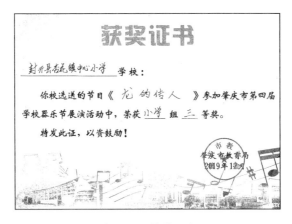

图 3-49　获奖证书

十二、课题研究的成果

1.完成了调查报告《农村小学生行为习惯的现状及其成因分析》

为了更好地了解小学生日常行为习惯的现状，我们印发了1000多份调查问卷发给本校、南丰镇中心小学北校区、信宜市第五小学的学生和家长，让他们如实填写。

通过调查分析发现，造成农村小学生行为习惯不良的主要原因有：

（1）家庭原因，如父母长期在外，不在孩子的身边，隔代教育使得很多孩子思想偏激，行为孤僻，很多坏习惯难以纠正；家长在部分行为习惯上没有起到真正的示范作用；很多家长自身受到的教育有限，教育方法不当。

（2）学校原因，如受应试教育的影响，很多学校更多的是注重学生的文化成绩，轻德育，传统的行为习惯已经被淡忘；行为习惯教育没有形成一套完整的方案，更缺少对学生言行的监督，没有形成一个良好行为习惯养成的大环境。

（3）社会风气的不良影响，如不良影视作品、书籍、网络无疑对自控力差的青少年学生产生诱惑和影响，致使学生的许多不良习惯很快形成，并在学生中蔓延。

对于问题的解决，我们采取的对策和建议是：

（1）常规教育，点滴做起。要想培养学生良好的习惯，全校教师要一起从学习习惯、品行习惯、生活习惯、礼仪习惯和健体习惯等方面落实。

（2）榜样示范，兴趣激励。首先是发挥教师的示范作用；其次是培养学生的兴趣，根据兴趣因人而异，对症下药；最后开展评选"行为标兵""节约标兵""文明之星"等活动。（图3-50）

图3-50 表彰先进

（3）持久训练，经常督促。行为习惯养成要常抓不懈，反复抓，抓反复，激发学生形成良好习惯的愿望，使行为习惯内化为学生的自身需要，真正形成稳定的习惯。

（4）"三教"结合、刻不容缓。培养学生的良好行为习惯并不是教师一个人的事，社会、学校、家庭也是学生生活、学习、成长的环境。家庭教育要从落实家庭教育常规入手，从家长自身做起。学校作为专门的教育机构，要有明确的教育目的，对学生的教育起主导作用。而社会则要通过新闻传媒、社会风尚、意识形态、人际交往等各种形式，对学生的行为施加多渠道、多方位、多层次、多形式的影响，在儿童的成长过程起着全面的影响作用。教师要起到纽带作用，做好家访工作，适时进行调解、反馈，争取达到教育思想、教育目的的一致性。只有这样，才能促进学生养成良好的行为习惯。（图3-51）

图 3-51　周末家访

调查报告《农村小学生行为习惯的现状及其成因分析》较全面地剖析了当前农村小学生存在的陋习及其成因，为山区农村整合多方力量，形成家、校、社齐抓共管的全方育人、全员育人的良好局面，以及营造良好的育人环境（家、校、社），促进学生养成良好的行为习惯提供了依据。

2. 摸索出一套较为可行的农村小学生良好习惯的培养方法

（1）知行统一法。知与行的统一，是马克思主义认识论、实践论的基本要求。知是行的基础，行是知的目的和归宿。在培养小学生良好习惯时要做到"妙用故事，知行统一"，如教师在教学中要引导学生以领袖、英雄模范和先进人物为榜样，分析其行为表现，并深刻剖析其思想境界，使他们的道德观念具体化，从而入其心、信其行、效其行；还要做到"实践体验，感悟内化"，学生的认知只有成为自觉行动的需要，并最终体现在行动上才算是真正的知，学生只有这样才能养成习惯。

（2）"三教"结合法。学校作为国家委托的专门育人的机构，在"三教"结合中要充分发挥主导、协调、沟通、联动的纽带作用，整合各方教育力量，共同营造良好的育人环境。学校要做到"改革内容，创新模式；常规教育，点滴做起；学科渗透，养成无痕；示范教育，榜样引领；家校结合，优势互补；顶层设计，系统引领"。家庭要为孩子提供良好的受教育环境和成才条件，要做好榜样示范，营造家庭良好的文明氛围，要注重提高家长自身、亲戚和朋友的整体素质，家庭教育要以理服人。社会是未成年人受教育、成才的大学校和大环境，社会要发挥"五老"志愿者的作用；发挥校外教育基地的效能；要净化文化市场；加强网络监管和引导；要开展实践活动，巩固提高小学生良好习惯的养成教育。（图3-52、图3-53）

图3-52　植树劳动

（3）唱好"六步曲"。学生良好习惯的养成要经历"认识、实践、在认识、再实践……"循环往复、循序渐进的过程，并不是一蹴而就的。因此，培养小学生的良好习惯，要唱好"六步曲"，即强意识—定规范—树榜样—持久练—及时评—造环境。

（4）循序渐进法。成长需要一个过程，习惯的养成也是如此。从最简单、最基本的一项习惯入手，孩子接受度高，就能轻轻松松养成。

（5）培养习惯加减法。培养好习惯用加法，改正坏习惯用减法。你想让孩子养成什么样的好习惯，就千方百计地让他不断出现好的行为，出现的次数越多，好习惯越牢；反之，你想让孩子改掉什么样的坏习惯，就给孩子一个可以接受的过程，让他们慢慢地把坏习惯改掉。

图 3-53　校史教育

3. 有效促进学生良好习惯的养成和道德素养、学习能力的提高

通过对农村小学生良好习惯养成的研究，以及各种主题教育活动、实践活动的开展，学生对良好行为习惯养成的认识和自觉性都有了明显提高。从相关数据可以看出，学生在养成良好习惯的同时，其思想道德素养和文化水平也有了很大的提高，见表 3-14、表 3-15 和表 3-16。

表 3-14　封开县杏花镇中心小学

统计时间：2021 年 1 月

时间	存在不良习惯（人）	至少养成1项好习惯（人）	参加公益活动（人次）	获县级以上表彰奖励（人次）	习作获县级以上奖励（篇）	在刊物发表习作（篇）	备注
2014年9月—2017年7月（研究前）	397	857	3960	21	7	0	前两项仅统计2017年
2017年9月—2021年1月（研究后）	35	2003	8833	136	29	29	

表3-15　封开县南丰镇中心小学北校区

统计时间：2019 年 7 月

时间	存在不良习惯（人）	至少养成1项好习惯（人）	参加公益活动（人次）	获县级以上表彰奖励（人次）	习作获县级以上奖励（篇）	在刊物发表习作（篇）	备注
2014年9月—2017年7月（研究前）	160	487	238	10	16	3	前两项仅统计2017年
2017年9月—2019年7月（研究后）	23	836	869	21	38	11	

表3-16　信宜市教育城小学

统计时间：2019 年 7 月

时间	存在不良习惯（人）	至少养成1项好习惯（人）	参加公益活动（人次）	获县级以上表彰奖励（人次）	习作获县级以上奖励（篇）	在刊物发表习作（篇）	备注
2014年9月—2017年7月（研究前）	628	4320	6340	139	210	378	前两项仅统计2017年
2017年9月—2019年7月（研究后）	96	6570	9927	466	562	965	

近三年来，杏花镇中心小学共评出文明班 361 班次、书香班 312 班次；学生累计 2003 人养成了好习惯，8833 人次参与慰问敬老、新农村建设、公益大扫除、拾金不昧、捐款献爱心等活动；有 959 人次被学校评为学习之星、阅读之星、行善之星、敬老之星、礼仪之星、卫生之星、纪律之星、诚信之星、艺术之星、体育之星、学习之星、雷锋标兵等；有 26 人被评为肇庆市自强好少年、封开县智慧好少年和优秀少先队员；有 112 人次在学科竞赛、征文评比等活动中获县级以上奖励，其中 2 人在教育部关工委组织的征文活动中荣获二等奖；28 人的作文在《肇庆教育》上发表；学校于 2017 年被评为肇庆市文明校园，2018 年被评为肇庆市中华传统文化教育特色学校（首批）、广东省基础教育研究实验基地学校、广东省青少年校园足球推广学校，2019 年被评为肇庆市文明校园先进学校，2020 年被评为封开县创五好基层关工委先进集体。（图 3-54）

图 3-54 伍培金同学荣获"新时代好少年"称号

南丰镇中心小学北校区经过两年的实践，学生累计 836 人养成了好习惯，869 人次参与公益活动；有 21 人次获县级以上表彰奖励；2 人被评为肇庆市优秀少先队员、封开县优秀少先队员；5 人被评为封开县智慧好少年和才艺好少年；1 人在全球华人少年书法大会中被评为书法传播小使者；11 人作文在《肇庆教育》上发表；四（2）班中队被评为肇庆市先进中队。

信宜市教育城小学经过两年的实践，学生累计 6570 人养成了好习惯，9927 人次参与公益活动；有 1 人被评为"好心茂名·最美少年"；242 人次被评为信宜市优秀学生、优秀少先队员；1 人荣获全国第 23 届青少年科技创新大赛儿童科幻绘画二等奖；211 人次在市学科比赛中获奖；965 人作文在刊物发表；学校先后荣获 2017 年广东省小学生诗歌节优秀组织奖、茂名市培育和践行社会主义核心价值观学校示范点、茂名市最受欢迎十佳校歌奖、最富内涵十佳校训奖和网络最具人气奖、茂名市青少年科技创新大赛优秀组织单位、信宜市科技教育工作先进集体、信宜市教育质量优秀小学一等奖等称号。

4. 提升了教师的教科研能力和水平

杏花镇中心小学教师论文发表、获奖（省市级）情况统计（见表3-17）表明：开展课题研究是提升教师素质的重要手段。在课题实验研究中，我们始终把教师的理论学习和业务培训摆在重要位置，帮助课题组教师加深对新一轮课程改革的认识，帮助教师树立"立德树人"的育人理念。令人惊喜的是，教师的教育教学理念不但得到更新，而且逐步将新理念内化为个人自觉的教育教学行为，并将教育教学实践中的经验、体会撰写成论文，实现理论的升华，从中反思，进而更好地指导研究与实践。在课题组老师的带动与影响下，学校其他教师（封开县本地其他镇校的教师）也纷纷参与到"小学生良好习惯的培养"的研究活动中，并撰写、发表了质量较高的文章，进一步促进了良好的教研教改氛围的形成。近三年来，我校课题从无到有，在县、市、省级立项课题12个，近九成教师有了研究项目；我校教师有55节课例被评为市、县优秀课例，2019年封开县小学教师在国家教育资源公共服务平台上晒课15节，我校教师占了8节；在省、市、县教育教学论文评选中有12篇论文获省一、二、三等奖，35篇获市一、二、三等奖；有31篇论文在《学校品牌管理》《未来英才》《教育现代化》《课程教育研究》《读书文摘》《肇庆教育》《西江日报》等各级期刊、报纸上发表，其中有关小学生习惯培养的论文10篇（见附件在各级刊物发表的专题论文）；我们的课题论文已汇编成册，研究专著《美好人生从良好习惯的培养开始》也在2019年11月由民主与建设出版公司出版发行并捐赠给国家图书馆，供广大教师参考使用；由课题组成员和部分骨干教师编写的校本教材《仁爱求真 快乐成长》一至六册也已投入使用；沈玉琴、黄烨两位教师被吸收为省名师工作室、市名班主任工作室成员。（图3-55、图3-56）

表3-17 杏花镇中心小学教师论文发表、获奖（省市级）情况统计表

统计时间：2021年1月12日

时间	2014年9月—2017年6月（研究前）		2017年9月—2021年1月（研究后）	
类别	发表	获奖	发表	获奖
篇数	2	10	31	50

图 3-55　成果专著

图 3-56

十三、研究的不足与设想

1. 不足之处

负责研究的教师大多由于初次接触课题，缺乏理论和实践经验，在研究过程中的个案研究、原始资料收集等方面的工作都有所欠缺，需要投入更多的时间和精力进行研究和探索；农村经济的相对落后和农村学生家长观念的相对滞后，也给课题研究工作的有效开展带来了一定影响。

2. 今后设想

今后我们将加强教师队伍培训，组织外出交流学习，不断汲取先进经验，提高教师的科研能力和业务水平；进一步整理好科研论文、教育案例等资料，为研究成果的进一步推广做好准备；争取成果获市级以上奖励。

2021 年 7 月 12 日

附：在各级刊物发表的专题论文

农村小学生行为习惯的现状与对策

2004 年，中共中央、国务院下发的《关于进一步加强和改进未成年人思想道德建设的若干意见》提出，从规范行为习惯做起，培养良好的道德品质和文明行为是未成年人思想道德建设的主要任务。《国家中长期教育改革和发展规划纲要（2010—2020 年）》也指出："注重品行培养，激发学习兴趣，培育健康体魄，养成良好习惯。"为了培养农村小学生良好的行为习惯，提高其思想道德素养，我们的"知行统一、三教结合，培养农村小学生良好行为习惯——青少年健康成长教育实践研究"课题组于 2017 年 6 月，对当前农村小学生习惯养成情况进行了调查和分析，试图找到培养农村小学生良好习惯的有效方法。

一、农村小学生行为习惯现状

本次调查采用了问卷调查法，调查对象为广东省肇庆市封开县杏花镇中心小学、南丰镇中心小学（北校区）和信宜市第五小学的学生和家长。调查力求从整体上反映当前农村小学生行为习惯养成的现状。本次重点调查杏花镇中心小学一至六年级的 1 班和 2 班及部分教学点的一些班级，共 22 个班，发放问卷 860 份，回收 845 份，回收率 98%。南丰镇中心小学（北校区）发放问卷 235 份，回收 235 份，回收率 94%。信宜市第五小学发放问卷 145 份，回收 145 份，回收率 100%。

问卷反馈信息显示，当前农村小学生行为习惯的主流是好的，如大部分学生都能做到礼貌待人，不说脏话；有关爱他人、乐于助人之心；能遵守公共秩序，遵守交通规则；具有初步的生活自理能力，有良好的节约习惯；能做一些力所能及的家务劳动；等等。

但也有相当比例的学生仍存在这样或那样的陋习，主要有部分学生穿着和发型异特，以奇为美；对使用"请""谢谢""不客气""对不起"等文明用语重视不够，没有形成自觉意识；个人卫生习惯较差，没能做到"三勤"（勤洗头、勤洗澡、勤剪指甲）；缺乏卫生公德意识，随地吐痰、扔垃圾；在公共场所互相追逐、大声喧哗，没有考虑他人感受；虽有初步的关心、助人意识，但这种意识还没有转化为直接的行动，还需强化；没能自觉主动地做好课前准备、课前预习、课后复习；课堂上不能专心听讲、勤思考、勤发言、勤做笔记与反思，不能积极主动地参与学习；对作业的重视程度不够，经常不完成作业，也没有良好的书写习惯，作业潦草，作业质量不高；缺乏课外阅读习惯，绝大多数学生只是偶尔阅读，29.82% 的学生一年读书 1 到 4 本，24.5% 的学生一年读 10 本以上的书，还有 6.98% 的学生一年没有读过 1 本课外书。

二、农村小学生不良习惯的成因

通过调查分析发现，造成农村小学生不良行为习惯的原因除了学生个人的认识不足外，主要有下面几点。

1. 家庭原因

由于父母长期在外，祖辈过分溺爱，隔代教育使得很多孩子思想偏激，行为孤僻，性格习蛮，很多坏习惯难以纠正。很多农村家长文化水平不高，平时在教育孩子的时候不注意方式方法，教育方法简单、手段粗暴。孩子长期在这样的家庭教育模式下，性格也就受到了影响，良好的行为习惯自然难以养成。

2. 学校原因

一方面受应试教育的影响，很多农村学校更多的是重智轻德，应试教育在学生的心中也占据了一席之地，传统的行为习惯已经被淡忘；另一方面，学校、教师在对学生行为习惯方面的教育大多数时候只是点到为止，没有形成一套完整的方案，没有作针对性的训练，更缺少对学生言行的监督，没有形成一个良好行为习惯养成的大环境。

3. 家庭、社会风气的不良影响

古语云："学坏三天，学好三年。"和谐健康的外部环境对于学生至关重要。不良的家庭环境，家长的不良嗜好，良莠不齐的影视作品、书籍、网络信息无疑对自控力差的学生产生极大诱惑和影响，致使学生养成许多不良习惯。

三、培养农村小学生良好习惯的对策和建议

针对当前农村小学生的不良习惯及成因，我们认为可以采取以下对策，对小学生良好习惯的养成产生积极有效的影响。

1. 认知抓起，知行合一

知是行之始，行是知之成。学生个人的思想认识是习惯形成的关键因素。要想培养农村学生良好的习惯，首先学校要通过班会课、思品课、国旗下讲话、红领巾广播、黑板报、专题教育活动等途径，让学生了解良好行为习惯的养成对于一个人的"三观"形成、健康成长乃至学习、工作所产生的重大影响，并知晓养成好习惯的相关知识，如哪些习惯是好的，哪些是不好的，好习惯该怎样养成，坏习惯该如何改正……通过组织学生学习《小学生守则》《小学生礼仪常规》，也可以通过举行班训、班规和班级口号设计评比、参与家务劳动和社会实践体验等各种活动，既让学生在感悟中认识到好习惯的重要性，提高他们养成良好习惯的自觉性，又让学生在具体的实践中逐步养成好习惯。

2. 树立榜样，示范引领

榜样的力量是无穷的，学校要充分发挥教师、学生、英雄模范的榜样引

领作用。首先是发挥教师的示范作用。"学高为师，身正为范"，在对学生进行习惯养成教育之前，教师自己应该有良好的行为习惯，通过教师日常的言行去感染、熏陶学生。其次是发挥模范学生的示范作用。学生间的那种榜样作用是不可想象的。学生具有上进心，都不甘示弱，别人能做的，他觉得自己也能做，我们可以利用学生的这一心理这点，积极发挥模范学生的带头作用。最后是发挥英雄模范的示范作用。英雄模范是少年儿童的偶像，通过学习邱少云、雷锋、钱学森、南仁东、屠呦呦、钟南山等英雄楷模的光辉事迹、优秀品质，更能促进学生良好品质习惯的养成。

3. 评比表彰，兴趣激励

评比和表彰是促进学生自觉养成好习惯的有效手段。因此，学校或班级可开展评选行为标兵、节约标兵、卫生标兵、文明之星、礼仪之星、行善之星、劳动小能手等，一方面是对表现突出学生的一种肯定，另一方面又能激励表现较差的那部分学生奋进争先。

4. 持久训练，经常督促

从某种角度上说，小学生的非智为因素还不稳定，具有反复性。所以，学校对于他们养成的每一种好习惯都要常抓不懈，反复抓，抓反复；必要时还可以创设情境，进行现场模拟，反复训练，使行为习惯内化为学生自身的需要，真正使学生形成稳定的好习惯。

5. 三教结合，助力养成

《人民教育》杂志社总编、中国家庭教育学会副会长傅国亮认为，学校教育、家庭教育和社会教育这三教构成了现代教育的主要内容，或者也叫作"大教育观"。一个现代的教育观，它就要强调学校教育、家庭教育和社会教育的紧密结合，否则就是不完全的教育。培养农村小学生的良好行为习惯并不是教师一个人的事，社会、学校、家庭也是学生生存、学习、成长的环境，因此，培养学生良好的行为习惯，需要学校、社会、家庭三方面的共同努力、紧密配合。教师要起到纽带作用，做好家访工作，适时地进行调解、反馈、帮扶，争取达到教育思想、教育目的的一致性。学校要办好"家长学校"，不断提高家长的教育水平。家庭教育要从落实家庭教育常规入手，从家长自身做起，做好孩子的表率，创建学习型家庭，创造和谐的家庭教育与学习氛围。而各级政府职能部门要加强对影视、网络等媒体的监督，净化网络信息、影视书刊，营造一种风清气正、积极向上的社会风气，让学生在校、在家、在社会都能接受到良好的教育熏陶，促进其行为习惯的内化，最终形成良好的道德品质，提高教育实效。

（此文于 2021 年 6 月在《中小学教育》总第 428 期上发表）

习惯培养三方法

马美在奔跑，人美在德高。佩利说："美德大多存在于良好的习惯中。"众所周知，少成若天性，习惯如自然。少儿时期是养成习惯的关键时期，作为小学教师的我们该如何去培养小学生的良好习惯呢？

一、道理灌输法

道理灌输法，也叫"提高认知法"。查·艾霍尔曾说："有什么样的思想，就有什么样的行为；有什么样的行为，就有什么样的习惯；有什么样的习惯，就有什么样的性格；有什么样的性格，就有什么样的命运。"可见，思想认识比习惯更重要，它是形成习惯的最终决定因素。明代著名思想家王阳明也认为，知是行之始，行是知之成。因此，要让学生养成良好习惯，就必先让他们清楚、明白：哪些是好习惯，它对一个人的健康成长乃至成功有什么促进作用，应该如何做才能有利于这些好习惯的养成；哪些是坏习惯，对人的健康成长或取得成功有什么阻碍作用，应该怎样克服，如何改正。这些都必须向学生讲通讲透，这样才有利于学生良好习惯的形成。例如，要让学生养成不随地吐痰的习惯，首先，教师要使学生明白不能随地吐痰的原因：一是因为痰里很多细菌和病毒，通过风和空气的流动能传播感冒、肺结核等多种疾病；二是随地吐痰是一种不文明、违反公共道德的不良行为。其次，教师还要让学生懂得有了痰应该如何做：把痰吐到痰盂里或吐到废纸、纸巾里，然后把废纸、纸巾卷好扔进垃圾桶。这样使学生知其然知其所以然，久而久之，也就养成了不随地吐痰的好习惯了。

此外，在培养学生良好习惯的过程中，教师还要以《小学生守则》和《小学生日常行为规范》等为根本组织学生认真学习、领会，从日常生活、学习、活动等方面让学生明辨是非，发现自己在现实生活中的坏习惯。这样从小处着眼，不仅规范了学生的言行，帮助其树立正确的道德标准，还能促进其养成良好的习惯。

二、榜样教育法

榜样教育法也叫"榜样示范法"。我们知道，榜样的力量是无穷的。俗话说，亲其师而信其道。在学生眼里，父母、老师是他们可亲可信的人，英雄模范是他们的偶像。父母、老师、英雄模范的一言一行、一举手一投足都是他们模仿、学习之处。因此，在培养学生良好习惯的过程中要充分发挥榜样示范的作用。

1. 发挥父母的示范作用

正所谓"夫同言而信，信其所亲"。父母与孩子之间的这种信任关系是学校教育和社区教育所无法比拟的，也是无法替代的。因而家长的思想素质、家风家教都是孩子学习的第一本教材。日常，父母之间要相敬如宾，孝敬老人，卫生常打扫，东西常收集，邻里讲和睦，以礼待人，以理服人，营造家庭良好学习氛围……以自己的实际行动教育孩子尊老爱老、学会感恩、讲究卫生、认真学习等。

2. 发挥教师的示范作用

孔子说："其身正，不令而行；其身不正，虽令不从。"黑格尔说："教师是孩子心目中最完美的偶像。"因此，教师的世界观、道德观、价值观，工作态度，待人方式等都会潜移默化地影响学生。所以，作为一名教师必须好好地检点自己，时刻提醒自己，自己的一举一动都处在最严格的监督之下，因为有几十双眼睛正盯着自己，日常衣着要得体不花哨，上课要守时不早退，板书要规范不潦草，态度要和蔼不蛮横，教育要以理服人不体罚，要主动跟学生打招呼，主动捡起地上纸屑，等等，以教师良好的言行举止为学生良好的习惯养成做出示范。

3. 发挥学生的示范作用

由于是同龄人，因此同学中的榜样示范更易让学生接受，加上少年儿童普遍具有要强、不服输的心理特点，他们往往认为：这有什么难？他能做得到，我也能做到。所以，教师要经常在班里开展评比礼仪小天使、学习小标兵、安全小卫士、行善之星、敬老之星等，并定期安排这些小标兵介绍自己的做法与体会，让学生从同学标兵的身上看到闪光点，找到自己的差距，更要让他们产生"我也行，我可能做得比他更好"的想法，以激励他们奋发向上。

4. 发挥英雄模范的示范作用

英雄模范是学生的偶像，通过学习英雄人物的光辉事迹、优秀品质，更能促进学生良好品质习惯的形成。比如，我们通过组织学生学习《雷锋日记》，讲述雷锋故事，培养学生关心集体、助人为乐、拾金不昧的精神；通过学习航天科技工作者的事迹，了解我国航天事业的发展，培养学生一丝不苟、执着专注、无私奉献的品质等。

三、实践感悟法

实践感悟法就是让学生在实践中提高认识、巩固认知，并最终形成习惯的教育方法。实践出真知，坚持成习惯。但习惯的养成不是一朝一夕的事情，非有持之以恒和不断实践感悟之功不可。学校、教师要想方设法，尽可能多地开展设计精心、主题明确、内容丰富、形式多样、吸引力强的实践教育活动，引导学生积极参加，让学生在活动中提高认知，久而久之，良好的行为习惯、思想品质的养成必然会水到渠成。例如，定期组织学生到敬老院慰问老人，与老人拉家常，给老人讲故事，为父母洗洗脚，做一次家务等，培养学生感恩、敬老、自觉劳动的习惯；开展读书节活动、写字比赛，培养学生课外阅读、写规范字的习惯；组织学生观察家乡的大好河山、农家的种养和周边的环境卫生、水土流失等情况，引导学生从小养成节约粮食、节水节电、垃圾分类、保护自然、自觉劳动的生活习惯和形成健康文明的生活方式。

实践证明，以上三法是培养小学生良好习惯行之有效的方法。

（此文于 2020 年 4 月在《中小学教育》总第 384 期上发表）

知行统一、三教结合，培养农村小学生良好习惯

随着我国政策的逐渐完善，教育事业的发展备受关注。在新课程改革的背景下，为了使农村学校教育管理更加规范化、科学化，同时也为了提高教育的实效性、有效性，我们就必须把学校教育、社会教育、家庭教育统筹起来，共同培养德才兼备的社会主义建设者和接班人。本文将从"知行统一，三教结合"来具体论述怎样培养农村小学生的良好习惯。

一、农村小学生行为习惯和教育的现状

近几年来，农村留守儿童日益增多，出现了令人担忧的问题。例如，在少年儿童中普遍出现了衣着随意、行为霸道、欠缺礼貌、随地扔垃圾、言行不文明、上课不认真、作业不完成、写字不工整、课前不预习、课后不复习、课外不阅读……缺乏良好的行为习惯。而良好行为习惯的养成必须从儿童时期开始，习惯养得好，终身受其益；习惯养不好，终生受其累。《国家中长期教育改革和发展规划纲要（2010—2020 年）》也指出"注重品行培养……

养成良好习惯……充分发挥家庭教育在青少年成长过程中的重要作用……帮助子女养成良好习惯，促进学生健康成长……树立系统培养观念……学校、家庭、社会密切配合……注重知行统一。"

但在新课程改革的背景下，当前很多的农村教育现状仍相对滞后，大部分家长缺乏对子女的养成教育。学校、家庭、社会相应的机构管理还不完善，教育活动相对独立，没有形成很好的互动平台，一些活动没有发挥应有的作用，家庭、学校、社会的教育合力未能同步。为了强化农村教育的针对性和实效性，为了更好地培养农村小学生的良好行为习惯，农村迫切呼唤一个强有力的全民育人教育体系尽快形成。针对农村教育的这些不合理、不科学情况，构建和积极推进"知行统一，三教结合"的教育体系势在必行。

二、"知行统一"培养小学生好习惯的方法

"知行统一"是思想、认识与实践行为相一致。知是行的基础，行是知的目的和归宿。

1. 妙用故事，知行统一

故事能启迪学生的心灵，每个积极有益的故事，其实都包含着深刻的道理，尤其对小学生来讲，更是能够从中培养他们的良好习惯。教材中有不少童话故事、寓言故事、英雄人物故事等，都是学生非常爱听的。教师引导学生以领袖和英雄模范为榜样，分析其行为表现，并深刻剖析其思想境界，使他们的道德观念具体化。

2. 实践体验，感悟内化

选择课堂表演角色"内化"的方式，符合小学生活泼好动、喜欢表演、善于模仿的性格特点，能收到较好的教育效果。角色扮演可以采用表演活动体验、情景活动体验等，教师尽可能根据教材灵活选用体验的方法。例如，在组织课外活动时，教师可以让学生通过询问家人淡水资源的状况以及进行家庭用水习惯调查，然后通过观看淡水资源宣传片让学生了解我国水资源的匮乏现状。通过此次调查探究活动，学生们不仅了解了像我国这样一个淡水资源匮乏且人口众多的国家，水资源尤为珍贵，认识到节省水资源的重要意义和紧迫性，而且增强了他们的环保意识和行动自觉性，也有利于提高他们分析问题和解决问题的能力，从而进一步提高他们的知行统一能力。

三、"三教结合"培养小学生良好习惯的方法

孩子的教育问题，特别是农村少年儿童的教育问题，是当代社会的一个

大课题。为了把农村小学生培养成德、智、体、美、劳全面发展的建设者和接班人，教师就要充分发挥家庭、社会和学校教育各自的优势，让三方面教育有机地结合起来，促进"三教"结合的教育体系有效形成。

1. 家校结合，优势互补

学校教育是家庭教育和社会教育的导向和枢纽，它受国家、社会的委托，是专门培养教育人的场所。但家庭是孩子的第一所学校，家长是孩子的第一任老师，因而学校在抓好日常教育的同时，积极办好"家长学校"，发挥家庭教育、榜样示范的育人功效。

2. 家社合力，互相促进

家庭教育是一切教育的基础，在个体发展和社会进步中有着重要的地位。家庭是社会的基本单位，抚养和教育未成年人成长、成才是家庭的重要职责。社会又是未成年人受教育、成才的大学校和大环境。和谐健康的外部环境对于学生来说至关重要，古语云："学坏三天，学好三年。"不良的家庭环境，家长不良的嗜好，不良的影视作品、书籍、网络无疑会对自控力差的学生产生诱惑和影响，致使学生养成许多不良习惯。因此，家庭、社会要为学生提供良好的受教育环境和成才条件。同时，教师还要充分挖掘家长、"五老"同志、社会志愿者、英雄模范等教育资源，让他们成为学校教育的同盟军。

3. 丰富活动，巩固提高

小学生日常行为规范的养成教育，要通过各种渠道、各种形式潜移默化地渗透、熏陶，以达到强化、巩固的效果。教师应十分重视信息反馈工作，创设各种情境，对学生进行测试教育，帮助学生明辨是非。例如，教师可以让学生在家和家长进行位置互换，让学生体会父母在家的艰辛。这样既有利于学生从小懂得感恩，又有利于培养他们的责任感，使他们在以后成长的道路上肩负起自己应负的责任。

（此文于 2018 年在《课程教育研究》上发表）

浅谈小学生良好习惯的养成教育

好习惯成就好孩子，好习惯打造好未来。有好习惯的孩子，具有一定的自主性、自觉性、坚持性、主动性。从长远发展来看，一个能控制自己的人，不会被外控或他控，自然会有大好前程。叶圣陶先生说："什么是教育？简单一句话，就是要养成良好的习惯。"我从事班主任工作已有 30 个年头，在日常工作中，我也深深地感到学生良好习惯养成的重要性。下面就谈谈培养学生良好习惯的几点做法。

一、诵读经典，领悟人生之道，养成良好习惯

中华优秀传统文化典籍是经过几千年的积淀、淬炼的经典之作，不仅言简意赅、精炼简约而且极富韵律美、音乐美和结构美，读起来既抑扬顿挫、朗朗上口，又非常容易让人在朗读、背诵中领会其中的含义。习近平也曾说过："要通过研读优秀传统文化书籍，吸收前人在修身处事、治国理政等方面的智慧和经验，养浩然之气，塑高尚人格，不断提高人文素质和精神境界。"是的，中华优秀传统文化是中华民族艺术、智慧与劳动的结晶，蕴含着很多宝贵的道理，因此教师可以充分利用中华优秀传统文化，将为人处世的道理完整无误地呈现在学生眼前，努力提高学生的人文素养，提升他们的思想境界，帮助他们养成良好的习惯。

所以，教师通过开展多种形式的诵读活动，通过教师范读、带读，学生集体读、分小组读、接力读、竞赛读；早读十分钟、午读十分钟、每月一次班级读书会，让学生在交流中习得方法，提高能力，进而引导学生指导自己的日常行为，心怀一把尺，时刻铭记，培养良好行为习惯。例如，在诵读到《大学》中的"小人闲居为不善，无所不至，见君子而后厌然，掩其不善，而著其善。人之视己，如见其肺肝然，则何益矣。此谓诚于中，形于外，故君子必慎其独也。"时，教师通过让学生朗读、背诵这一内容，结合译文和寓言故事《掩耳盗铃》让学生懂得"若要人不知，除非己莫为。""自欺欺人，掩耳盗铃，总有东窗事发的一天"的道理，从而明白要做个严于律己，表里如一的人。

再如，当发现学生坐姿站姿不正确时，可以让他们背诵"步从容、立端正……"；当发现班里的学生不认真改正自己的错误时，就让他们背诵"过而不改，是为过矣。""不迁怒，不贰过。"；对学生进行"孝"的教育，让他们背诵"为人子，止于孝；为人父，止于慈。""夫孝，天之经也，地之义也。""好饭先尽爹娘用，好衣先尽爹娘穿"。

二、利用中华传统节假日对学生进行教育，促进学生的习惯养成

传统节日具有鲜明的民族特色，蕴含着丰富的德育元素，是一种潜在的巨大教育资源。例如，重阳节和清明节蕴涵着深深的感恩之情和思念之情，春节和中秋节洋溢着浓浓的家庭温情，端午节则包含了强烈的民族情感。在我们深刻理解传统节日文化中的教育意义后，我们抓住节日的核心意义，把握要点进行价值遴选，找准和突出节日文化的精华，然后设计活动，使学生的健康情感在传统节日活动中得到发展，促进其良好习惯的养成。例如，在清明节活动中，教师与学生一起动手做花圈，带学生到革命英雄纪念碑前瞻仰英雄烈士，学生在聆听革命故事的过程中被爱国英雄的精神所感动，深受爱国情感的熏陶，同时也心生感恩，懂得了幸福生活来之不易。春节、中秋节是中国人合家团圆的日子，正所谓"每逢佳节倍思亲"，学生与全家人团圆在一起，放鞭炮、包饺子、吃月饼、登山、赏月，一家人其乐融融，在相互表达关心、祝福和思念的过程中，也增进了学生与家人的感情。学校在节日前组织学生讨论向亲人表达祝福的方式，鼓励学生通过多种途径表达对父母及祖辈的深厚感情。在进行"端午节"这个传统节日的教育时，教师通过多种手段为学生讲述屈原的故事，让学生充分感受爱国诗人坚贞不屈的民族气节，产生强烈的民族认同感。重阳节期间，教师组织"我向爷爷奶奶献孝心"主题班会，开展感恩教育活动。学生在听教师讲重阳风俗，接受"尊老敬老、感恩回报"的教育；在家中为爷爷奶奶做一件力所能及的家务事，送爷爷奶奶一件自己精心制作的小礼物；还可以在教师的带领下走进社区，为爷爷、奶奶表演节目，祝福天下所有老人幸福、安康。

以传统节日为纽带，让学生接受传统文化情感的熏陶，使学生从小耳濡目染，浸润并受益于中国独有的传统文化中，无论对于学生的自身成长、群体塑造、社会发展，还是民族文化的传承与更新都是十分必要和有益的。

三、发挥教师和班级作用，帮助学生养成良好习惯

（一）发挥教师的表率作用

要让学生养成良好的习惯，教师的表率作用不可忽视。孔子说："其身正，不令而行；其身不正，虽令不从。"因而，教师必须严格遵守学校的作息制度，严于律己，讲究公共卫生，维护公共秩序，言行举止文明大方，处处以身作则，用自己的好思想、好品德、好作风、好言行为学生树立学习的榜样。工作中，教师不仅要用师德规范约束自己的行为，也要把《小学生日常行为规范》纳入自己的日常行为条例中，因为教师用眼睛监督学生行为的同时，也有几十双眼睛注视着自己。教师做事严谨，一丝不苟，说到做到的品质对学生来说，是一本可以研读的书。要想班里的学生做得好，教师就必须自身做得好。一个"学生敬、学生爱"的教师，学生会很乐意听从他的教导，也会按照他的要求去做。教师要平等对待学生，关心爱护每个学生，对那些问题学生不应该歧视，而应该多关心、有耐心；要深入了解学生，寻找问题症结，针对性地进行教育，因人因事而异，因材施教；同时，要加强学校与家长的沟通与联系，家庭教育与学校教育同步进行。

（二）发挥班干部的"领头羊"作用

一个班集体应该选择那些已有好习惯的、活泼开朗的、热爱班集体的，又热心助人的、有一定责任心的学生担任班干部。班主任要经常对班干部进行培训，一起探讨管理班级的方法，指出他们的优点及存在的不足，教给他们工作的方法，培养他们的责任感和良好的行为习惯，充分发挥他们的模范带头作用。

（三）发挥班级文化的熏陶作用

例如，在教室两边的墙上、走廊上张贴名人名言以及班级学生自己写的"名言"（学生写的精彩语句），以人为本的提示语，教室后学习园地的布置、手抄报的展示、红花表、成长屋等班级文化建设，使其成为学生的精神指引。

渐渐地，在教师的表率带动下，在班干部"领头羊"的鼓舞下，在班级文化环境的熏陶下，学生的言行举止会越来越规范文明，良好的习惯就会逐渐养成，不良的习惯也会逐渐改正。

古人云："积行成习，积习成性，积性成命！"有好习惯的人会有好命运。小学阶段是习惯养成的关键期，养成好习惯，才会有好成绩，才能形成好人格，才能为未来打下好基础。相信在我们的共同努力下，我们的学生一定都会养成良好的习惯，成为社会之人才，国家之栋梁！

（此文作者为植红梅，在《广东教学》第 2867 期发表）

如何培养农村小学生良好的行为习惯

教育家叶圣陶先生说："什么是教育？简单一句话，就是要养成良好的习惯。"由此可见，习惯养成教育是多么的重要。而在农村小学教育中，小学生具有年龄小、可塑性强的特点，他们的各种习惯容易养成也容易改变，小学阶段养成的行为习惯往往会影响他们的一生。因此，培养小学生良好的行为习惯是一个非常重要的问题。它是形成良好班风的基础，是建设良好班级的保证。那么，作为班主任，我们如何培养他们的良好行为习惯呢？

一、营造氛围，点滴抓起

小学生的自控能力、自觉性都比较差，仅仅停留在"知"的层次上，难以养成习惯。朱熹说："论先后，知为先，论轻重，行为重。"可见，知与行要统一。农村学校也许设施条件不是很好，但是我们可以给学生创造一个良好的物质环境和精神环境，如校园内可设置醒目的标语、《弟子规》宣传标语、墙头板报、校园警示语、人文景观雕塑、德育教育专栏、法制教育专栏，报道发生在校园里的好人好事，教室走廊干净整洁，这样学生自然就不会随地吐痰、乱扔纸屑；管理规范，学生自然不会乱刻乱画；教室的每一个角落，每一样东西都具有教育的作用，整洁美观、文化浓厚、优雅舒适的教室环境，可以改变学生的学习及行为方式。班主任利用班会课和学生一起学习《小学生守则》《小学生日常行为规范》，使学生常记这些守则。学校利用晨会和国旗下讲话，有针对性、启发性地帮助学生在良好的育人环境中养成习惯。

小学阶段是学生形成良好学习态度、学习习惯的重要时期。教育学生要做到的，我们教师也要做到。比如，上课师生问好，我始终坚持行鞠躬礼向学生问好；平时学生向我问好，每次我都点头或招手向同学们问好。这种教育的效果胜过千言万语。我在教学中，为了培养学生良好的读书习惯，会在早读前安排学生读书，同时在教室设立图书角，为学生课外阅读提供方便。这一方法切实可行，效果也非常明显，学生爱看书的习惯在不自觉中就逐渐养成了。课堂教育是传授知识的主要渠道，把养成教育落实到课堂中，是实现养成教育目标的主要途径。教师首先要培养学生会听、会说、会写的良好学习习惯。学生只有在课堂上认真听教师的讲课，倾听同学的发言，才能积极地参与到教学活动中，才能保证课堂活动有效进行；其次要培养学生发现问题、提出问题的习惯。在课堂中，我善于抓住学生的心理，创设情境，让学生主动思考问题、发现问题、提出问题，激发学生的创造性思维。

二、家校合力，齐抓共管

习惯养得好，终身受其益，习惯养不好，终身受其累。在对学生进行行为习惯教育时，要强调与家庭配合，积极探索家、校协同教育的新方法、新途径。相应的家庭教育也要跟上学校教育的步伐。家长要做到以身作则，严格要求自己的一言一行，让自己的言谈在潜移默化中影响孩子，帮助孩子形成良好的习惯。例如，要让孩子举止文明，自己就不能言行粗暴；要孩子穿着整洁，自己就不可衣冠不整；要让孩子读书学习，自己就不可打牌。只有在家长言传身教的潜移默化下，孩子才能自觉地建立起良好的日常行为习惯。我校的小学生来自不同的家庭，受到不同环境的影响，很多学生出生在农村，他们的父母望子成龙，但由于自己的文化水平有限或由于不良的生活习惯，或多或少给我们的小学生造成不同程度的影响。但我们依然希望农村的学生家长能陪着孩子一起成长，为孩子树立好的榜样。

在平日里，班主任首先可通过家访，了解学生在家的情况，及时与家长交换在家庭中对学生进行行为习惯培养的意见，让学生感受到家长和教师的关注，从而形成教育合力；其次通过家长参与学校活动的情况，围绕"教育子女好、以身作则好、配合学校好"等三方面内容，评选出优秀家长给以表彰；最后利用家长身边看得见、摸得着的先进典型做正面引导，召开家教经验交流会，邀请优秀家长现身说法，介绍家教经验，交流学习体会，畅谈学习心得，让家长认识到自己的一言一行、一举一动都会在无形中直接影响孩子。因此，我们要想使培养学生的行为习惯取得良好的效果，就要多方面、多渠道与家庭教育结合，提高家长对学生养成良好行为习惯重要性的认识，使家校形成合力，这样就十分有利于学生养成良好的行为习惯，为其以后的学习与生活打好基础。

三、社会教育，刻不容缓

学生虽然最多接触的是家庭和学校，但社会会对他产生非常大的影响。小学生年龄小，明辨是非的能力差，他们不良行为的根源不一定在自身，而在于现实社会中的不良环境。现在农村学校周围环境不干净，很多不法商贩开的游戏机室、台球室、网吧等场所，引诱学生，这些场所对于本身就缺乏自制力的学生来说吸引力极大，许多学生因此开始逃学、旷课，不思学习。除此之外，这些场所高昂的费用也诱导学生开始与社会不良青年混在一起，滋事敲诈，小偷小摸，甚至抢劫其他同学，走上犯罪的道路，等等。这些都会让他们形成错误的价值观，腐蚀他们的思想和行为。这些社会环境对他们产生的影响并不小于家庭和学校。因此社会教育刻不容缓：

（1）让学生有自己明确的行为习惯准则，在生活、学习中时刻用这些准则来约束自己。

（2）提高学生明辨是非的能力。农村小学生好奇心强，会对社会中一些人的行为进行模仿、练习，我们家长和学校教师要培养学生明辨是非的能力，让学生明白什么该做，什么不该做。

（3）组织学生多参加社会实践活动。比如，对学生进行环境教育，组织环保行动，让学生到街上体验环卫工人的伟大和艰辛，从小树立爱护环境卫生的好习惯，养成勤俭节约的好习惯；组织学生到敬老院关心孤寡老人，为老人打扫卫生，给老人讲故事，给老人表演节目等。通过这些活动，我们可以培养学生的爱心，发扬中华民族的光荣传统。

（4）加强与社区、镇关工委的联系，聘请司法所长，派出所干警、"五老"同志、返乡大学生和热心家长为学校法制副校长、校外辅导员，有计划地请他们到学校开讲座、做报告；定期邀请他们到校召开座谈会，与教师们共同探讨当前小学生思想道德教育的方式方法。

英国作家萨克雷说过："播种行为，收获习惯；播种习惯，收获性格；播种性格，收获命运。"良好的行为习惯使人终身受益。因此，小学生良好行为习惯的养成必须持之以恒，像滴水穿石一样，一点一滴，长年累月。同时，学校、家庭、社会教育要有机地结合起来为学生营造一个健康、绿色的成长环境，使良好的行为习惯养成教育真正变成学生自身的需要，促使他们自觉养成各方面的良好行为习惯。

（此文作者为沈玉琴，于 2018 年 3 月 14 日在《肇庆教育》上发表）

如何培养农村学生的良好学习习惯

美国一位心理学家说，播下一个行为，收获一种习惯；播下一个习惯，收获一种性格；播下一种性格，收获一种命运。可见，行为习惯是多么重要，良好的习惯一旦养成，将会成为我们一生受用的宝贵财富。可是，我们农村孩子却没有一个良好的学习习惯。在当前农村小学普遍存在以下几种现象：

（1）留守儿童偏多，学生课后学习无人管。在农村学校，有大部分学生是留守儿童，父母外出工作，他们和年长的祖辈在家，课后的学习无人监管和辅导，作业不能按时按质完成。

（2）学习积极性不高。在课堂上，很多学生不积极举手回答，真是"金口难开"，甚至被点名，也不大愿意回答，小组学习也好像与他们无关。

（3）上课不专心。很多学生在课堂上容易分神，要么搞小动作，要么在发愣，和下课的"生龙活虎"形成鲜明对比。

以上几种现象，影响了学生的学习成绩，影响了教师的课堂教学质量。因此，培养学生的学习兴趣和良好习惯，成为农村学校迫在眉睫的事。如何培养农村学生的良好学习习惯呢？下面我谈谈自己的想法。

第一，要培养学生主动学习的习惯。兴趣是学生求知的内在动力。激发学生的兴趣，他们的学习就会积极主动，学得就会轻松愉快而有成效。在农村，孩子们少出远门，少见世面，对外面世界充满好奇。作为教师的我们如何引导学生，充分调动学生对外在事物和知识的学习积极性和主动性呢？我们可利用现有的教学平台，使用课件，做到一上课就紧紧地抓住学生的注意力，激起学生的兴趣，使他们很快进入"最佳学习状态"；改变平日单一的教学方法，用游戏、猜谜、比赛等方式让学生的学习热情持续下去，把学生已有的学习积极性充分调动起来，学生慢慢地就会形成积极主动的学习习惯。

第二，培养学生学习的自信心。自信心是学生不断进取的源泉，是一种良好的心理基础。自信心可以培养学生的学习习惯，可是农村孩子一贯都淳朴、腼腆、少语、缺乏自信、不爱表现。我们应该多赞许，少责备，帮助提高他们自尊心。有了高度自尊心的孩子，对自己的学习会充满信心，而缺乏自尊心的孩子，不愿参加集体活动，对学习知识的热情不高。因此，我们要平时多创设培养孩子自信心的环境，让孩子在潜移默化中"自信"起来。平时，遇事常对孩子说一些鼓励的话："好！""很好！如果回答得更详细点，就更好了！""比上次进步啦！"……因为孩子的自我评价往往依赖于大人的评价，大人以肯定与坚信的态度对待孩子，他就会意识到：别人能做到的，我也能做到。在课堂上开展口语交际、朗诵比赛、演讲大赛、故事会等活动，让学生拥有表现自我的机会。特别是学困生，我们更应该多加关注。学困生的成因很多，有智力发展的先天不足，有父母关爱的缺失，有某个年级的知识断层。但作为教师，我们有必要对学生进行调查研究，摸清情况，利用学习心理学、儿童心理学等知识进行针对性的个案研究，并找出能切实有效地改善学生学习行为的办法。不嫌弃、不放弃任何一名学生，用心发现他们的闪光点，鼓励他们融入集体，不断进步。

第三，培养学生专心听课的习惯。专心听课是学生接受知识的第一步。学生是否专心听课，决定了他接受的知识有多少。学生只有认真聆听，打开知识的大门，遨游于知识的海洋，才会有所收获。在家里，大多数家长没有专业的知识和耐心去教孩子。因此，学生能掌握多少知识，完全取决于他们在课堂上是否认真听老师讲课。平时我一边讲课，一边察看学生是否全神贯注地听讲。课堂上，我采取多样化的教学方式，用温和的语气和亲切的表情讲授知识，以此集中学生的注意力。

第四，帮助学生养成认真做作业，细心检查的习惯。在农村家长们比较忙，很少给孩子辅导作业，或根本不会辅导。因而，大部分学生对待作业马马虎虎，书写潦草，不按格式写，还有抄错字词的现象，更严重的是根本不写或不会写。作业在学生的学习中是不可缺少的，它是检验学生是否掌握本节课知识的手段之一。培养学生认真作业的习惯，不仅能培养学生动脑筋的习惯，帮助学生提高温故知识、掌握知识的能力，而且能帮助学生戒掉烦躁的坏习惯。在每节课后，我精心设计难易适中、形式多样的作业。第二天，检查学生掌握的情况。对于"学困生"，我经常开小灶，给他们耐心讲解，直到他们弄懂为止。

第五，帮助学生养成勤思好问的学习习惯。勤思好问学习习惯的养成是学生对知识深刻理解和掌握运用的表现，也是培养学生口头表达的重要途径。这一习惯的培养应孕育在整个教学中，与培养思维方法、思想能力有机地结合在一起，如我在教授课文时，先让学生默读课文，归纳课文的大意，找出文中的好词好句，然后让学生仿写一篇。

学生良好学习习惯的培养体现在日常教学的细微环节中，往往容易被我们忽视。而学生良好的学习习惯也要在日常的教学工作中一点一滴地耐心培养。学生一旦养成了良好的学习习惯，就学会了学习，教师也就做到了"教是为了不教"。关注学困生，传统的分层教学是较为有效的方法。只要我们的心中有学生，特别是心中时时装着学困生，时时关爱学困生，课堂教学就一定会充满人性的光辉。

（此文为植德芳 2019 年 2 月 28 日在《肇庆教育》上发表）

浅谈怎样培养小学生良好的行为习惯

我国古代教育家孔子曾说："少若成天性，习惯成自然。"也就是说，从小养成什么样的习惯，成人后就会形成什么样的品性。叶圣陶先生也曾说："教育是什么？简单一句话，就是要养成良好的习惯。"因此，一个人自幼就应该通过教育养成一种良好的行为习惯，良好的行为习惯对人的一生都具有深远的影响，这种影响将伴随我们的学习、生活、为人、处世，它以一种无形的方式干预着我们生活中的细枝末节，从而主宰我们的人生。然而，一个人的好习惯不是与生俱来的，更不是一蹴而就的，是在后天成长中慢慢养成的。那么如何才能培养小学生良好的行为习惯呢？需要教师从细节入手，将良好行为习惯的养成一点一滴地融入孩子的成长中。

一、发挥制度的约束作用

"学校无小事，件件需认真。"对于学生行为习惯的培养更是没有小事可言，习惯正是在一件件小事中养成的。学校的规定对学生良好习惯的养成具有促进作用，因此我们要十分注重学校规章制度的执行，而且必须坚持不懈。譬如，下课时关电灯可以使学生养成勤俭节约的好习惯；学生离校到家时电话通知老师，可以使学生养成按时离校，遵守纪律的好习惯……

二、发挥榜样示范作用

身体力行，身教重于言教。要培养学生的良好行为习惯，教师自己就要做学生的表率。凡是要求学生做的，教师一定要身体力行。教师自身的良好行为会对学生的道德行为产生潜移默化的感染作用。如果教师自觉拾起一片废纸，扶正课桌椅，学生受到这种行为的影响也都会自觉坚持学习。要求学生守纪律、有礼貌，教师自己就要守纪律、懂礼貌，否则学生就不会听老师的。又如，要求学生有干净整洁的仪容仪表，那么教师也要以朴素大方的仪容仪表给学生以榜样。所以，最重要的是教师必须事事处处以身作则，以自己的行动潜移默化地影响学生，学生才会逐步养成良好的行为习惯。另外，凡是学生好的行为习惯，有进步的、改正缺点快的，教师都要在班内及时进行表扬，促进学生间互相模仿良好的行为。而对于屡教不改的学生，教师要与家长多沟通，一起想办法做好学生的教育工作，促使学生改正问题。

三、把握好养成教育的时间点

心理学研究表明：人的很多习惯在小学低年级甚至在学前阶段就已经形成了，如果从小不给予孩子特别的教育，孩子养成坏习惯后就难以改正，所以尽早帮助孩子养成良好的习惯是很重要的。学生年龄小时，习惯既容易建立，也容易巩固，不良的学习习惯若及时发现也易于纠正，等到不良习惯越积越多并稳固定型时，既影响良好习惯的建立，也不易纠正。例如，有的学生有上课不专心听讲、不按时完成作业的坏习惯，即使在教师的教诲下有了改正的决心，也是改了又犯，犯了又改，需要经过长期的艰苦努力，才能彻底改掉。很多人认为小学低年级要让学生多玩，学生到了高年级，习惯自然就养成了。这是极其错误的。从小学一年级，甚至幼儿园起，教师就要引导学生建立良好的学习习惯，并在其成长过程中逐步强化训练，从而促使其形成稳定的自觉行为。

儿童的心田是一块神奇的土地，播种了一种思想，便会有行为的收获；播种了行为，便会有习惯的收获；播种了习惯，便会有品德的收获；播种了品德，便会有命运的收获。良好的行为习惯对人生的确太重要了，所以常言道："三岁定八十。"培根在《论人生》中也明确指出："习惯真是一种顽强而巨大的力量，它可以主宰人的一生。因此，人幼年起就应通过教育培养一种良好的习惯。"可见，年少时养成的习惯会对人的一生产生直接影响。因此，教师在工作中应该十分重视培养学生良好的行为习惯，这也是具有良好师德的具体表现之一。

（此文作者为伍艺芬，于 2019 年 1 月 18 日在《西江日报》上发表）

如何培养农村小学生良好的行为习惯

叶圣陶先生曾经说过："什么是教育？简单一句话，就是要养成良好的习惯。"美国心理学家、教育学家詹姆士说："播下一个行动，收获一种习惯；播下一种习惯，收获一种性格；播下一种性格，收获一种命运。"简单来说，习惯是可以决定一个人的命运的。近年来，习惯的教育意义逐渐被大家认识，并且教育工作者在教育工作中越来越重视学生习惯的培养。作为一名从教多年的乡村小学教师，我深深地为农村小学生的行为习惯担忧。而只有学校教育、家庭教育相结合，才能让学生养成好的行为习惯。

一、农村学生不良习惯的主要表现

（1）爱吃零食，乱扔垃圾。每天上学、放学时，许多学生都涌向校门口两旁的小卖店，买那些五颜六色的廉价零食和饮料，吃完喝完随手一扔，到处都是垃圾，可是这个时候，接送的家长就在身边，却听之任之。

（2）不注意礼仪，不讲文明。上学放学，或课间休息，上下楼梯，遇见老师，很多学生看到不是教自己的老师基本不会问好。农村小学生多是隔代教育，老人们习惯了别人先问候他们，所以不懂得教育孩子先向别人问候。学生和同学闹矛盾后，动不动就出口伤人、动手打人，这一切都和家庭环境有脱不开的关系。

（3）不讲究卫生，不注意仪表。就我任教的班级来说，留守儿童较多，大多数学生的衣服虽然勤换，但是洗得不够干净。最不好的地方是指甲不勤剪，又脏又长；头发不勤洗，又脏又腻。

（4）学习不自觉，欠缺主动性。课前不预习、课后不复习、作业马虎、书写潦草、考试成绩差、学习不上心、课外知识匮乏等现象在农村小学生中普遍存在。

二、教师要寻求合理的方法去培养学生良好的行为习惯

习惯和兴趣一样，都是学生最好的老师。有一位教育界人士说过，小学阶段重要的不是知识的学习，而是良好习惯的培养。思想表现和学习成绩忽好忽坏的孩子，往往缺乏良好的行为习惯。这一现状的改变有赖学校教育和家庭教育相结合，双方共同帮助学生养成良好的行为习惯。

1. 学校教育发挥主导作用

学校要多召开家长会或者电话家访，及时向家长反映情况，让家长明确孩子养成良好行为习惯的重要性，让家长配合学校对孩子进行教育，更好地监督孩子的成长；要求家长以身作则，为培养孩子良好行为习惯做出榜样，要让家长懂得"其身正，不令而行；其身不正，虽令不从"。

2. 家庭教育发挥监督、示范作用

学校教育是习惯养成的主阵地，主导着培养习惯的内容，即从哪几个方面来培养习惯。对小学生来说，更需要的外部引导和强化是家庭环境。学校和家庭两者在指导思想、教育内容以及教育方法等方面，都存在着很大的差异。学校教育是对学生传授知识、培养能力和塑造人格的主阵地，对孩子的健康成长起主导作用。但是没有家庭教育的有机配合，学校的教育目标是难以实现的。对小学生而言，他们的行为习惯受家庭教育的影响很大。家长是孩子的第一任老师，如果家长有良好的习惯，在家长的言传身教，潜移默化的影响下，孩子也会养成良好的行为习惯。所以，对孩子养成良好的行为习惯，家长的积极参与是举足轻重的。只要学校和家庭统一思想，步调一致，找对合作方法，就一定能促进学生良好行为习惯的养成。为了更好地达到家校培养的一致性，我们应让学生做到以下几点：

（1）良好的学习习惯。①课堂习惯：课前预习的习惯（课前通读课文，完成预习习题）；课前准备的习惯（如铃声响，进教室，备书本，静候老师）；早、午读要大声读；认真听课的习惯（如专心听讲，积极思考，大胆发言，勤做笔记）；勤学好问的习惯。②良好的作业习惯：独立作业，书写工整，认真审题，自己检查作业，讲究学习效率。③良好的家庭学习习惯：课后复习的习惯，晚上阅读书报的习惯，整理书包的习惯，勤查工具书的习惯。

（2）良好的思品习惯。《三字经》曰：人之初，性本善；性相近，习相远；苟不教，性乃迁；教之道，贵以专。因此，有教养的孩子往往是因为有好的家教。家长的言行直接影响着孩子的行为，所以家长更应该以身作则：①不在孩子面前说有贬低老师身份或不尊重老师的话。因为家长都不尊重老师，他的孩子又怎会尊重老师呢？不尊重老师的孩子又怎会心悦诚服地接受老师的管教呢？②不说脏话、粗话。③待人接物大方有礼。④不贪小便宜，不斤斤计较。⑤有一颗感恩的心。⑥自觉遵守公共秩序。

（3）养成良好的卫生习惯。这方面培养我们可以这样做：首先，让学生正确认识仪表整洁之美，激发爱美之心。其次，教师可以利用现实生活因为不讲卫生而染上的病毒的事例（如肺结核、流感、水痘、乙肝、手足口病等）教育学生，让学生知道养成良好卫生习惯的重要性。

"家庭是习惯的学校，父母是习惯的教师。"家是孩子最主要的生活空间，家长是孩子最先模仿的对象，学校教育工作离不开家长的鼎力支持。为此，我们要加强家教指导，告诫家长重视孩子卫生习惯的培养并以身作则，为孩子营造整洁、清爽的家庭环境。

一个人养成好的习惯等于拥有一大笔财富，一辈子都用不完它的利息；养成一种坏习惯，一辈子都偿还不清它的债务。

[此文作者为梁雪梅，于2019年2月在《青少年日记（教育教学研究）》上发表]

注重培养预习能力 让学生养成良好预习习惯

古人云："凡事预则立，不预则废。"我们教师上课前要备课，学生上课前也要进行充分的准备，这就是预习。

培养学生预习的能力，让学生养成预习的良好习惯，有助于学生提高学习效率。我们应该如何培养学生的预习能力，让他们养成预习的好习惯呢？

一、注意培养学生预习的习惯

1. 明确要求，难易适度

目标要求是行动的指南。教材中的每篇课文都各有特点，教师要根据教材的实际情况向学生提出预习的要求，以达到教学的目的。例如，在预习古诗的课文时，我们可以提出这样的预习要求：自学生字，了解作者及写作背景；试解释诗中的词和诗句的意思；正确朗读，理解作者在诗中所表达的思想感情，提出其他问题等。这样，学生就能够根据教师提出的问题和要求，有目的地去预习，避免盲目性。另外，难度要适度，不宜太难，特别是刚开始时的目标要切合实际或降低一点要求。

2. 发现亮点，及时鼓励

心理学认为，闪光点可以激发兴趣。在预习过程中，如果学生能够说出一些见解，并得到教师的肯定或表扬，就会对学习产生兴趣。教师要从学生的实际情况出发，循序渐进，肯定他们在预习中的点滴收获，让他们发现自己的进步，增强学习的信心，从而提高学习的兴趣。因此，教师要善于发现学生进步的闪光点，及时给予学生表扬和鼓励。

3. 采用竞赛，增强兴趣

争强好胜是小学生的特点，把竞争意识引入预习机制中，可改变他们把预习当作负担的心理，从而激发他们的兴趣。例如，在课堂上进行预习生字词的训练时，可以要求学生在限定的时间内通过预习掌握生字词，然后在课堂上进行竞赛，看谁掌握的生字词又多又快又准确，对优胜者给予小红花奖励。这样既能够激发学生的学习兴趣，又能够培养他们预习的习惯。

二、重视教给学生预习的方法

授人以鱼，不如授人以渔。要培养学生的预习习惯，就要教给学生以下的预习方法。

1. 整体入手，把握全貌

预习的其中一个要求是对课文的初步了解，让学生在初读中获得对学习文章的初步感知。叶圣陶先生就主张小学生在预习中要"通读课文，从整体上入手掌握课文全貌，然后再对课文教学进行理解分析，从而能够对文章有一个全面的、直觉的感受过程"。

2. 借助工具书，解决疑难

学生在预习时，或多或少都会遇到疑难问题，因此工具书是预习不可缺少的助手。工具书主要用于解决生字词，其他的参考书也可以提供课文的写作背景、作者简介等，可以丰富学生的知识，使学生更好地认识和理解课文的有关内容。经常使用工具书和其他的参考资料，既可以帮助学生解决部分难题，也可以扩大学生的知识面，有助于培养学生认真学习的态度和提升自学能力。

3. 指导步骤，四步预习

第一步，了解要求。

我们的教材中有些课文前面都附有预习要求，所以，我们在教学课文前，要指导学生弄懂预习要求，认真做好预习题。

第二步，感知课文。

通读课文，就是要把课文从头到尾看一遍，大概了解课文内容，获得整体的印象和感受，为深入学习打好基础。

第三步，自学生字。

在阅读中，生字是最大的问题，也是学生应该掌握的语文知识的好帮手。每篇课文都有生字表，学生可以从生字表里获得本文要求掌握的生字。预习时，学生要根据生字表，借助工具书，弄清楚这些生字的读音、字形、字义。

第四步，质疑问难。

通过预习可以认识、熟悉一篇新课文，但不可能弄懂所有问题，尤其是预习要求和课后的问题等。有人说："对事物的认识过程，往往都是从提出问题开始。"我们在帮助学生养成良好预习习惯的过程中，要引导学生学会质疑问难。许多学生在刚开始提问时，往往不知道如何问，这时，教师就要指导学生如何发问，如不认识的字、难懂的词句、表达的思想感情等。我们只要多鼓励、多表扬，就能激发学生提问的兴趣，使学生逐步养成习惯。

三、严格督促，以养成预习的习惯

1. 堂上指导，由扶到放

在最初教学预习的时候，最好能够放在课堂上进行，教师可以手把手地教，及时纠正学生的错误，引导学生学会正确的预习方法。经过一段时间的训练后，教师就可以把预习放到课外进行了。

2. 课后预习，加强督促

把预习放到课外进行时，教师可不能降低要求，还必须认真检查学生每次的预习情况，发现问题，马上解决，不能"积压"问题。有的学生理解能力较低，难免在预习中感到吃力，这可能会导致学生对预习的畏难心理。这时，需要我们对学生进行经常性的鼓励和耐心的指导，同时可以对这部分学生适当地降低难度，使他们或多或少地感受到喜悦，增强他们的自信心。

3. 家校合力，培养习惯

在培养小学生预习能力和预习习惯的过程中，教师还可以适当进行奖励，并争取家长的支持。例如，教师可以发微信或信息告诉家长，让家长了解到孩子预习的情况，做得好的给予奖励或表扬，做得不好的加以监督，从而调动家长的教育力量。

长此以往，学生的预习习惯和预习能力就会慢慢养成和提升。

（此文作者为陈炳文，于2019年12月在《教育》上发表）

弘扬传统文化，促进良好习惯的养成
——以杏花镇中心小学中华优秀传统文化教育为例

优秀传统文化是中国精神之所在，是中国能力之体现。我校以优秀传统文化为抓手，突出习惯教育主题，培养学生从小养成良好的行为习惯，为他们的终身发展奠定基础，为国家培养合格的建设者，为社会主义事业培养优秀的接班人。"少年强则国强"，以今天之努力培养强少年，实现未来之建设强中国。

一、营造环境，创设氛围

学校把"仁爱求真"作为校训，用字简单清晰易懂，默默回味道理无穷，并把它张贴在学校醒目的地方，时刻提醒学生学习使命："读好书，做好人。"学校还把"做好人，干好事。读好书，存好心""千教万教，教人求真；千学万学，学做真人""蜂采百花酿甜蜜，人读群书明真理"等语句张贴在每栋楼的醒目位置，目的是让学生清楚上学就是要把书读好，把人做好。

大门口楹联：一里书斋，半里烟村半里市；十年心学，五年炼气五年神。仁爱楼楹联：白马驮金榜，麒麟吐玉书。求真楼楹联：楼台今夜听春雨，书院明朝赏杏花。这些对联，内容显浅、通俗、易懂，却蕴含哲理，抒发了作者对莘莘学子寒窗苦读、立志成才、报效国家的期盼之情，寄托作者祝愿书院多出人才，出好人才的美好愿望。

学校还把人生八德中的"孝悌忠信礼义廉耻"作为仁里教育主题，绘制上墙，并赋予其新的解释，教育学生为人处世智慧。校道旁是仁里学子雅行准则："入校则静，入室则学。说普通话，写规范字，做文明人。"校内张贴有"传统美德培养指引《弟子规》"和课外阅读书目推荐，每一层楼的梁底都贴着有关学生良好行为规范的标语。为了更好地培养学生良好的行为习惯，我们分年级设计了"学生好习惯培养一览表"，张挂在每班教室，让学生对照标准，学习养成。教室内还悬挂有名人名言，设立有图书角、星光灿烂板、班级口号、班级公约、班级之星、班级班务栏。无论是课间，还是放学时，校园广播轮流播放国学经典《三字经》《千字文》《大同歌》等。

· 184 ·

干净整洁的校园体现着中国优秀传统文化的建设，让孩子在优美的环境中潜移默化地形成良好的行为习惯。

二、学科结合，指导行为

良好行为习惯的养成不能空口说教，不能生搬硬套，不能为养成而养成，要让孩子知其然更要知其所以然。学校开设传统文化课程，每周一节。一年级诵读《三字经》，二年级诵读《千字文》，三年级诵读《论语》，四、五年级诵读《大学》《中庸》。通过传统文化课程让孩子懂得养成良好习惯的理论内涵与现实意义，让良好习惯的养成有润物无声之果，收水到渠成之效。学生在诵读这些国学经典中既传承了文明礼仪的文化，又明白了许多做人的根本。

学校组织课题组教师编写了《日常行为三字歌》《日常行为童谣》，方便学生阅读、传唱、记忆。同时，还组织部分骨干教师编写了校本教材《仁爱求真 快乐成长》，把学生良好行为习惯的培养与学校"仁里文化教育"有机结合起来，使学生在学习传统文化过程中进行自我感悟和内省，促进他们良好习惯的形成。

三、开展活动，提升品质

（一）主题班会教育活动

开展丰富的主题教育活动。为了弘扬传统美德，使文明礼仪教育具体化、生动化、贴近实际生活，真正起到教育实效，我校从三月开始就开展了一系列文明礼仪主题班会活动，如"诚信教育""感恩教育""文明祭祖，预防山火""文明礼仪伴我行""文明礼仪演讲比赛"和"我国的传统节日——清明节"等。

（二）生命大阅读

为了让中华民族优秀传统文化得到更好的传承与宣扬，学校开展了"让生命因阅读而精彩"的生命大阅读活动，让学生在阅读中自主领略祖国文化的博大精深，感受传统文化的无穷魅力，进而熏染他们的品德修养。学校每天要求学生阅读一小时，其中在学校集中阅读半小时，在家里阅读半小时。学校设立了两个读书角，每周还开设一节阅读课，每间教室还有一个图书角，让学生在读书中聚文化气，养高尚魂。

（三）艺术活动

在学校艺术教育中安排传统艺术教育内容，我们举行了校级《日常行为三字歌》《日常行为童谣》诵唱比赛。因为所选内容朗朗上口，言简意赅，学生在大声朗读的轻松愉快的活动中受到了中华传统美德的熏陶，品德、修养得到提高的同时，潜移默化地形成了良好的行为习惯，增强了自律意识，规范了自己的言行，努力把自己培养成为一个品学兼优的好学生。

（四）节日教育活动

传统节日是中华民族传统文化的重要组成部分，每逢清明节、端午节、中秋节、重阳节等传统节日，学校都会组织相关活动，以学生喜闻乐见的形式，挖掘传统节日的文化内涵，让学生明白节日所蕴含的独特民族情感和精神内涵。比如，每年的"学雷锋纪念日""九九重阳节"，学校不但要求每班出好相关的黑板报，并进行评比，还组织学生到敬老院慰问老人，给他们表演节目，帮他们搞清洁，和他们谈心，让学生了解体会中华民族尊老、敬老的优良传统。每年的"6·30爱心捐款""爱心1+1"等捐款活动，使学生深刻感受到奉献爱心、团结互助的意义，也让学生充分懂得奉献才是我们生命中最可贵的情感，只有懂得关爱他人才能真正关爱自己。

优秀传统文化是抓手，良好行为习惯是目标。通过传统文化的熏陶感染，学生良好的行为习惯正在逐渐养成，学生素质正在逐渐提高。我们还要结合学校工作，充分发挥班集体的积极作用，来弘扬中华民族的优良传统，培养学生良好的行为习惯，做中华文明的传承者。

（此文作者为沈玉琴，于2019年10月16日在《肇庆教育》上发表）

其次是根据课题立项部门的要求进行结题鉴定（图3-57）。结题鉴定的方式通常有三种，采取哪种方式通常由课题立项机构决定。

（1）通讯鉴定，是把课题结题的资料邮寄给课题立项部门，由课题立项部门组织人员审议材料，形成结论意见。

（2）拜访鉴定，是指课题主持人携带结题材料到课题立项部门或有关评审专家的单位，当面呈交材料，请专家及时评审并开具评审意见。

（3）会议鉴定，指根据课题立项部门的意见，邀请有关课题评审专家到课题主持人所在单位召开课题鉴定现场会。

会议鉴定是最为常用的一种鉴定方式，它的一般程序是：会议开始—鉴定组听取课题组做课题研究工作报告—鉴定组听课题研究课例—鉴定组查阅课题研究资料并讨论—课题研究答辩会—鉴定组进一步讨论对课题的鉴定意见—鉴定组组长宣读鉴定意见—会议结束。

图 3-57　结项证书

　　最后是成果推广。课题结题后要对取得的成果加以应用、推广，使课题研究真正为教育教学服务。

案例

广东省中小学教学研究"十一五"规划课题"小学生中华传统文化教育研究"
子课题"小学生中华传统文化教育在不同年级的设计与运用"成果报告

　　"小学生中华传统文化教育在不同年级的设计与运用"是本人在罗董镇中心小学工作期间主持的课题，该课题于 2010 年 10 月申请立项，经广东省中小学教学研究"十一五"规划课题"小学生中华传统文化教育研究"总课题组审定批准后开展研究工作并取得了一定成果，于 2014 年 6 月顺利结题，同时学校被评为优秀实验学校。2015 年 9 月，本人调到杏花镇中心小学工作后，又在杏花镇中心小学的教育教学活动中应用、检验该课题的研究成果，也收到了良好效果。（图 3-58）

　　一、问题的提出

　　小学生正处于智力、能力、品质、个性等方面的形成期和发展期，他们犹如一张白纸，个性品质的养成正处于起步阶段，这一阶段是对孩子进行"立德""修身""发蒙""启智"教育的关键时期。当今社会，中华传统文化已经出现明显的断层，大量良莠不齐的文化垃圾直接冲击着缺乏分辨能力的小学生，对他们形成良好的个性品质产生了巨大的负面影响。如何给小学生提供文化食粮，帮助他们提高文化素质，养成良好的个性品质，塑造完善的人格，成为当今学校教育必须加强研究的课题。

图 3-58　立项证书

中华传统文化博大精深，如四书五经、唐诗宋词元曲、明清小说、山川文化、民俗文化、茶艺文化、饮食文化等，内容丰富，形式多样，雅俗共赏，智慧圆通，是古代圣贤思想、人民群众智慧的结晶，是对孩子进行思想文化教育的经典教材，是实施素质教育、推进创新教育的突破口，对陶冶学生思想情操，培养其健全人格，形成健康心理，都有着深远的意义。因此，我们作为教育工作者必须深入研究中华传统文化，以现实需要为基础，以语文教学为依托，以形式多样的活动为渠道，不断探索新时期对少年儿童进行传统文化教育的新途径。

2001 年和 2011 年，教育部先后出台了《全日制义务教育语文课程标准（实验稿）》《义务教育语文课程标准（2011 年版）》，其中指出："认识中华文化的丰厚博大，汲取民族文化智慧。"同时在分学段要求里强调：

第一学段，诵读儿歌、儿童诗和浅近的古诗，展开想象，获得初步的情感体验，感受语言的优美。积累自己喜欢的成语和格言警句。背诵优秀诗文 50 篇（段）。课外阅读总量不少于 5 万字。

第二学段，诵读优秀诗文，注意在诵读过程中体验情感，展开想象领悟诗文大意。积累课文中的优美词语、精彩句段，以及在课外阅读和生活中获得的语言材料。背诵优秀诗文 50 篇（段）。课外阅读总量不少于 40 万字。

第三学段，诵读优秀诗文，注意通过语调、韵律、节奏等体味作品的内容和情感。背诵优秀诗文 60 篇（段）。扩展阅读面，课外阅读总量不少于 100 万字。

相比以往的教学大纲，新课程标准对中华传统文化的教学有了更高的要求，明确了新时期小学生中华传统文化的教学目标，体现了语文综合性学习的课程改革理念。

目前，有关小学生中华传统文化教育的探究，尽管引起了各方面的关注，全国各地的许多学校都开展了这方面的探索和研究，但在实际的操作中仍然有很多问题，尤其是针对小学生缺乏计划性、阶梯性、系统性。所以，我们必须加强研究，探索出一套适合小学生特点的传承中华传统文化的有效方法，尤其是要重点解决以下几个问题：

（1）如何引导学生了解中华传统文化的背景及相关知识。

（2）通过以点带面，在全校开展中华传统文化教育，提升师生的传统文化素养。

（3）根据各年级学生的实际情况，探索中华传统文化教育在不同年级的设计及运用。

（4）探索学生将在中华传统文化学习中吸收到的文化素养转化为自身良好道德行为和学习习惯的可行性。

（5）挖掘具有本土地方特色的文化资源，收集民间文化艺术，了解自己身边的文化。

（6）建立不同年级学生的中华传统文化学习成绩评价体系。

二、解决问题的过程与方法

（一）健全机制，明确职责

实验伊始，我们首先成立了课题领导小组，由学校行政、中层和青年骨干教师共同组成领导机构。校长作为组长，具体负责策划及指导开展此项研究活动，确保课题研究工作顺利进行。副组长负责组织好各种实践活动的协调、组织与开展。实验教师则按学段分成三组，每组设小组长，每组实验教师在小组长的带领下负责专题授课、课题研究的调查、信息反馈与分析、资料收集与整理、活动组织与总结等工作。

（二）制订研究实施方案

为使研究科学有效，我们制订了课题研究实施方案，确定了本课题以罗董镇中心小学学生为实验对象，把整个研究过程分为准备阶段、实施阶段、结题阶段三个阶段，在方案中明确了人员分工，各阶段的研究目标与重点，研究所需要的理论支撑与指导（如《人的发展学说》、语文课程标准阅读观、大语文课程观、叶圣陶先生的语文教材观、《中共中央国务院关于深化教育改革全面推进素质教育的决定》等文献），研究所采用的方法（如文献研究法、行动研究法、经验总结法等，采用"分析—实践—反思—重构—实践—总结"这一研究思路，在研究实践中边思考分析，边反思调整，边改进总结）等，然后根据这个方案制订每个学期的研究计划。在学期计划中，我们再按学段制订比较细化的内容和方法，确保研究活动的手段和方法科学化、内容合理化、形式多样化。（图3-59）

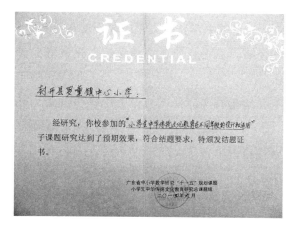

图3-59 结题证书

（三）分学段推荐读物

1. 以古诗文诵读为根本，推荐诵读篇目

为了更有效地加强学生对中华传统文化的理解，我们根据《义务教育语文课程标准（2011年版）》的有关精神，针对不同学段学生的年龄特点，分别推荐不同的经典诗文诵读内容。

第一学段推荐42篇（首），第二学段推荐62篇（首），第三学段推荐62篇（首）。

2. 以课外阅读为延伸，推荐课外阅读篇目

中华传统文化博大精深。除了经典古诗文，还有不少值得学生阅览的读物，可使学生更全面地了解我国的传统文化。第一学段推荐《中国成语故事》等9本，第二学段推荐《中国传统道德读本》等22本，第三学段推荐《东周列国志故事》等28本。

（四）开展各种特色活动

1. 布置书香教室和校园，营造浓郁的文化氛围

我们充分利用校刊、校园网、校园广播、黑板报、墙报等宣传阵地进行中华传统文化主题宣传。另外，低中年级张挂一些浅显易懂的带有拼音的宣传标语和古代文化名人画像，中高年级可根据学生的实际情况张贴一些古代经典名言警句和学生制作的手抄报。

2. 课前一诵

我们充分利用每天语文课前的五分钟时间，开展"课前一诵"活动，具体吟诵的内容一是由教师提前布置好，二是按照各个学段诵读计划来实施，三是学生自己觉得比较有味道、有价值的词句片段。学生通过诵读达到互相学习，共同交流的目的。

3. 每天一播

学校的红领巾广播站在校园广播中每天利用 5 至 10 分钟时间，诵读、播放《中华传统文化精选读本》《中华传统文化经典汇编》和学生的读后感，介绍我国各地民情风俗、风景名胜等内容，极大地激发了学生学习中华传统文化的兴趣。

4. 在语文教学中渗透传统文化教育

语文课本里处处蕴藏着丰富的传统文化教学资源，我们要求教师增强传统文化教育意识，在备课时就有意识地考虑如何在该节课中渗透传统文化教育，如有必要在上课前收集整理必要的教学资料。在具体教学中，教师要根据不同学段学生的特点把握好渗透传统文化教育的尺度。中低年级主要在课堂上利用 3 至 5 分钟时间进行渗透教育，中高年级则把渗透传统文化教育适当延伸至课外，如布置一些小调查作业、记事介绍类和心得感受类的小作文等。在语文教学中渗透传统文化教育不仅是本课题研究的需要，而且是语文课程标准的内在要求。

5. 确保充足时间，开展形式多样的古诗文诵读活动

除了每周一节的中华传统文化教育专题课和每天早读、午读时间诵读诗文外，各班还利用活动课组织形式多样的古诗文诵读活动，如低年级举行拍手吟唱、玩游戏诵读活动，中年级举行诵读表演、知识小竞赛、诗文接龙等活动，高年级举行诗词短剧表演、书写座右铭比赛、古诗文知识比赛等活动，让学生们畅游在中华古诗文的海洋里。

6.举行中华传统文化读书经验交流会

我们还根据学生的年龄特点在各年级举办中华传统文化读书经验交流会，以"我最喜欢的一个诗人""我最喜欢的一个成语故事""我最喜欢的书""好书推荐"等活动，向同学们介绍自己看过的新书、好书，交流自己在传统文化读书活动中的心得体会，在全校形成良好的传统文化读书氛围，让学生在实践活动中体验学习传统文化的成功与快乐。

7.开设中华传统文化专题讲座

在研究过程中，我们还要求课题组教师每月在各学段至少举办一节传统文化的专题讲座。例如，低年级可以涉及民间故事、传统节日的由来发展等内容，中年级可以涉及歇后语的由来、成语故事等内容，高年级可以涉及范围更广的中国书法、饮食文化等方面的内容。

8.举办读书节

从2007年开始，每年的4月23日至5月30日为我校一年一届的读书节，主题为"同品书香韵味、共享心灵阳光"等，活动内容有好书推荐、读书征文比赛、古诗文朗诵比赛、读书卡设计、手抄报评比、读书心得交流、书香班级和读书小明星评比等，内容丰富，形式多样，在促进书香校园建设的同时，加强了中华传统文化教育。

9.开展"寻访家乡传统文化"的实践活动

我们要求学生利用假期时间，开展"寻访家乡传统文化"的实践活动，如中高年级的学生可以以小组为单位，调查并了解自己家乡的传统节日、风俗习惯；寻访家乡的民间艺人，了解家乡的传统工艺；考察自己的姓氏、家乡的地名来历及家乡的名胜古迹。整理好资料，写好书面汇报后，每组可以在实践课上推选一两个代表进行集体交流，以此加深学生对本土传统文化的了解。

（五）建立传统文化学习评价机制

为了更好地促进传统文化学习活动的深入开展，我们建立了对学生进行评价的机制，充分发挥评价机制的激励作用。

（六）开发校本教材

为使中华传统文化教育在我校得以持久深入的开展，我们组织课题组教师编写了《传承中华传统文化（试行教本）》系列校本教材，具体操作如下：

（1）确定校本课程开发方案，以课程标准为指导，本着"汇知识之萃，补教材之缺"的宗旨，教材设计包含中华传统文化概述、经典古诗文赏析、文化现象溯源和地方传统文化等几个板块。以上板块主要针对小学生的认知特点，做到既通俗易懂，又使学生有所收获，有所教益。各板块由课题组教师分工搜集资料、整理资料和编纂成稿，最后由课题组教师集中审核。

（2）就"地方传统文化"板块，我们主要以作业的形式，充分发动学生利用假期搜集相关资料。安排好哪些班级学生搜集"封开古村落的历史"，哪些班级学生搜集"封开的传统节日"，哪些班级学生搜集"封开历史人物事迹"，哪些班级学生搜集"封开老话""封开民俗"。在课题组教师的指导下，学生对搜集的资料进行整理汇总后，最后交由课题组汇编成册。

（七）开展研究交流与成果推广活动

研究期间，我们先后四次与县内的六所学校进行了课题研讨与成果交流活动。通过研讨交流、释疑解惑、互享经验、取长补短，在促进课题工作顺利进行的同时，我们的研究成果进一步得到了较为广泛的检验和推广。（图 3-60）

图 3-60　课题研究交流会

三、成果的主要内容

（一）开发《传承中华传统文化（试行教本）》系列校本教材

我们根据在课题研究中的实践与体会，结合小学生的学段、年龄、心理和学习特点，组织课题组教师编写了《传承中华传统文化（试行教本）》一、二、三册系列校本教材。教材内容包含中华传统文化概述、经典古诗文赏析、文化现象溯源和地方传统文化等几个板块，每个板块前都按不同的学年段做了不同的导读要求。

这套校本教材对在学生中弘扬中华传统文化，培养阅读兴趣和优良品质以及使中华传统文化教育在学校教育中得到更加持久深入的开展，具有十分积极的意义。（图3-61）

图3-61　校本教材

（二）探索在学生中开展中华传统文化教育的有效途径和方法

（1）分学段推荐读物，一是以古诗文诵读为根本，推荐诵读篇目：第一学段推荐《三字经》《弟子规》和40首古诗，第二学段推荐《百家姓》《增广贤文》和60首古诗，第三学段推荐《千字文》《论语》和60首古诗词。二是以课外阅读为延伸，推荐课外阅读篇目：第一学段推荐《中国成语故事》等9本，第二学段推荐《中国传统道德读本》等22本，第三学段推荐《东周列国志故事》等28本。

（2）开展各种特色活动，如布置书香教室和校园，营造浓郁的文化氛围；每天一播，介绍我国各地的民情风俗、风景名胜等内容，激发学生的学习兴趣；深挖资源，挖掘语文课本中的传统文化教学资源，进行教学渗透；确保时间，除上好每周一节的专题课和晨、午读外，开展形式多样的古诗文诵读活动；举行中华传统文化读书经验交流会；举办中华传统文化专题讲座，且据不同学段来设计内容，如低年级的民间故事、传统节日等，中年级的歇后语由来、成语故事等，高年级的中国书法、饮食文化等；开展"寻访家乡传统文化"实践活动，加深学生对本土传统文化的了解。

（三）在借鉴的基础上总结出一套较为可行的经典诗文教学方法

（1）方法趣味化。为使经典诵读课教学方法更加趣味化，千方百计地调动学生的学习积极性，为此教师们投入激情，以兴趣作为原动力，如故事法：把经典诵读的内容改编成一个个生动的小故事，用故事吸引学生探究经典、记诵经典，锻炼自己的表达能力。画演法：许多经典诗词可以演绎成一个小剧目，师生、生生合作表演，兴趣盎然，令人印象深刻；有些诗词形象深邃、意境悠久，可以画下来，诗中有画，画中有诗，帮助记忆，效果突出，让学生通过绘画来表现自己脑海中诗的画面，从而谋求一种与众不同的理解。猜译法：经典诵读中最大的困难是精粹语言的理解。如果教师讲学生听，会很枯燥，在理解中让学生猜经典诗词文句的意思，调动兴趣，帮助理解，学生是很喜欢的。巧用法：让经典走进生活，在平时生活中、在作文时，经常运用经典名句，激发学生的兴趣，更让学生知道生活中处处是"经典"，感觉到诵读经典的重要性。

（2）内容"不求甚解"化。书要慢慢读、细细品，把书读进去了，越读越有兴趣，自然就会了解书中的道理。阅读教学要力求甚解，但古代经典的学习意在提高文化底蕴，是远离功利的一种精神修养。因此，它不需要学生字字会解释，句句能分析。中华传统文化教学目标单一，让学生开心地学、有趣地读、多多地记；学习的特点是化整为零、删繁就简，由浅入深、由易到难；学习的目的在于引导学生"触摸"传统文化。

（3）诵读形式多样化。重视朗读，强调背诵，但形式要灵活多样：可以读出节奏、音律，品味意境；可以集体读、分组读，也可以个人读。

（四）建立传统文化学习评价机制

评价机制包括评价的内容、评价的标准和评价的方法。首先按照学段制定不同的评价内容和评价标准。评价方法则采用统一的形式，包括学生自我反思评价、生生相互观察评价、教师激励评价、家长督促鼓励评价。每个学生拥有一张"传承中华传统文化学习成绩记录卡"，记载学生古诗文诵读的成绩、参加活动次数和成绩（态度）等。评估工作主要由学习小组成员共同完成，组长负责，教师监督、指导，并按期向家长通报。

四、效果与反思

多年的研究、应用与检验实践表明，小学生中华传统文化教育在不同年级的设计与运用是十分必要、可行和有效的，它能很好地解决以往对小学生进行中华传统文化教育时不切合学生实际，缺乏计划性、阶梯性、系统性的问题，且能收到良好的效果。

（一）弘扬了中华传统文化，促进了学生良好思想道德素养的养成

我们依托自主开发的校本教材，开展了一系列行之有效的教育实践活动，让师生在经典学习中去体验、去感悟、去内化，用传统文化的精华来滋养自己的精神世界、人生根基，有效地培养了学生高尚的文明情操和良好的行为习惯，促进了校风、班风和学风建设。罗董镇中心小学先后被评为"肇庆市廉政文化建设示范学校""肇庆市五好基层关工委先进集体""肇庆市少先队红旗大队""广东省朝阳读书活动先进集体""广东省关心下一代工作先进集体"，并于2014年被教育部、人社部评为"全国教育系统先进集体"。（图3-62、图3-63）

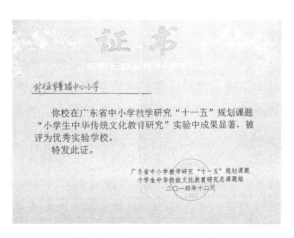

图 3-62　优秀实验学校证书

图 3-63　全国教育系统先进集体

2011 年 10 月 26 日，肇庆市中小学生思想道德建设（罗董）现场会在罗董镇中心小学召开，重点介绍推广罗董镇中心小学的"十个一"（每天做一件家务、每星期做一件尊老爱幼的事、每星期背诵一篇经典诗文、每月读一本好书……）活动经验。（图 3-64）

图 3-64　肇庆市中小学生思想道德建设现场会

2013 年 7 月，封开县电视台《中国梦·封开梦—封开正能量》栏目报道了罗董镇中心小学开展的"十个一"活动。（图 3-65）

图 3-65　课题组负责人接受封开县电视台采访

（二）有效地促进了学生语文能力的提高

　　我们通过对传统经典诗文资源的开发、利用以及各类传统文化主题教育活动的创造性开展，增强了学生在各种场合学经典、用经典的意识，多方面提高了学生的语文能力。表 3-18 和表 3-19 是罗董镇中心小学的一个实验班三（1）和一个对比班三（2）在 2010 年 7 月课题研究开展前和 2013 年 7 月课题研究开展三年后的期末评估的调查数据。从表中可以看出，学生的考试成绩前后对比，实验班平均分提高了 20.4 分，合格率提高了 25%，优秀率提高了 34.6%，而对比班的变化却不明显。表 3-20 是罗董镇中心小学全校学生语文知识（作文）竞赛获奖（发表）情况统计，从表中可知，在各类的语文知识竞赛中，实验班学生的能力比实验前有明显提升。

表 3-18　学生成绩情况调查表（语文科）　调查时间：2010 年 7 月

班别	人数	总分	平均分	合格人数	合格率（%）	优秀率（90分以上）（%）
实验班三（1）	52	3424	65.8	36	69.2	5.7
对比班三（2）	54	3418	63.3	35	64.8	7.4

表 3-19　学生成绩情况调查表（语文科）　调查时间：2013 年 7 月

班别	人数	总分	平均分	合格人数	合格率（%）	优秀率（90分以上）（%）
实验班六（1）	52	4481	86.2	49	94.2	40.3
对比班六（2）	54	3597	66.6	36	66.7	9.3

表3-20　全校学生语文知识（作文）竞赛获奖（发表）情况统计表　单位：篇

时间	县级	市级	省级	国家级	合计
实验前（2007年10—2010年9月）	10	3	0	0	13
实验后（2010年10—2013年10月）	41	8	0	3	52

（三）提升了教师的科研能力和教学水平

课题研究是教师专业成长的有效途径。在课题组教师的示范与带动下，其他教师也积极参与了相关的教育与教研活动。教师们在实践中学会了研究，掌握了课题研究的基本理论与方法，教研意识、科研能力和教学水平都有了明显提升。在省总课题组优秀论文评比中，童永业、吕燕群两位教师的论文分获省一、二等奖。在课题组教师的带动下，学校教师有 28 篇论文在《中小学教育》《肇庆教育研究》等期刊上发表，有 66 篇论文获县级以上奖励；有 11 人次在县市的教学基本功（素养）大赛中获二、三等奖；2 人被评为市名教师，2 人被吸收为市学科带头人培养对象，1 人被评为肇庆市拔尖人才和广东省新一轮"百千万人才培养工程"名校长首批培养对象。课题组的另一研究成果于 2015 年荣获肇庆市第四届教科研成果二等奖。（图 3-66）

图 3-66　肇庆市基础教育科研成果二等奖证书

（四）异地应用结新果

我们的研究成果也先后被推广、应用到平凤镇中心小学、江口镇实验小学、杏花镇中心小学等学校的教育教学活动中，且取得了较好的效果，如杏花镇中心小学于 2015 年 9 月开始将该成果应用到日常教育教学活动中，并将中华传统文化教育与学校"仁里教育"的主题教育——"仁爱"特色教育，以及思品、语文、英语、数学、体育、音乐等学科教学有机融合、渗透，并开发了一至六年级的特色校本教材，育人效果显著。2016年12月，杏花镇中心小学的顶层设计《书香润泽 仁智并育》荣获广东省中小学特色学校创建优秀方案二等奖；杏花镇中心小学也因此项目的研究而被广东省教育研究院批准为广东省基础教育研究实验基地学校；2017年6月，杏花镇中心小学被评为肇庆市文明校园；2018年1月，杏花镇中心小学被评为肇庆市首批中华传统文化教育特色学校，肇庆教育公众号为此还做了专题介绍。2019年10月，杏花镇中心小学被评为肇庆市全国文明校园先进学校。（图3-67～图3-69）

图 3-67　成果推广

图 3-68　特色学校创建优秀方案二等奖

图 3-69 特色学校牌匾

但我们在研究实践和成果推广过程中也发现了一些不足，必须在今后的工作中加以改进：一是山区小学教师有相当部分为当年转正的民办教师，学历偏低、专业水平和理论素养不高、科研意识不强，影响了成果的有效推广，因此，山区农村学校要加强校本培训；二是农村经济的相对落后和农村学生家长观念的相对滞后，给课题研究工作的有效开展带来了一定的影响。因此，在山区农村小学生中开展中华传统文化教育任重而道远。

2019 年 5 月 9 日

📖 **结语**

对于课题研究，有专家强调，选题要"小"、方法要"活"、过程要"有序"、成果要"实"。课题研究的组织与实施过程是一个专业体验与成长的过程，只有实践才会有收获。